《山东古村落印象》编委会

主　　任　　冯建国
委　　员　　（按姓氏笔画排序）
　　　　　　于希江　马洪春　王绍美　付振民　邢福栋　任广德
　　　　　　刘万峰　刘　涛　闫　永　孙树尤　孙孝建　李福亮
　　　　　　宋修强　苗　家　孟　文　徐希超　郭晓琳　曹　青
　　　　　　韩华南

主　　编　　曹　青　郭晓琳
副 主 编　　陈效忠
编　　辑　　关　霞　张　栋　孔天骄　乔先华　贾　力　刘　玙
　　　　　　魏文玺　刘爱婧　贺艳红　杨代福　刘江山　王继涛
　　　　　　张义勇　于　波　丁　涛

策　　划　　许亚楠
文　　案　　张有龙　周胜儒
摄　　影　　甄天琦　娄冠军　陈效忠

参与人员　　（按姓氏笔画排序）
　　　　　　王乃星　王太成　王书清　王　军　王泽泉　王振刚
　　　　　　孔祥红　卢丽伟　田工峰　冯　研　刘　玲　刘晓玲
　　　　　　孙文凯　孙　博　李田科　李　岭　李　峰　李　锋
　　　　　　杨　军　何龙基　屈克娟　赵玉萍　侯天秀　殷　涛
　　　　　　郭　英　董广升　董卫利　程茂林　鞠荣广　魏景新

前言 Qian Yan

  著名文化学者、"中国古村落文化研究第一人"冯骥才先生曾说，古村落是蕴藏我们民族基因与凝聚力的"最后的家园"，是五千年文明活态的人文硕果。中华文明根植于农耕文化，数以万计的村落在壮阔的河山间星罗棋布，有土楼、有雪乡、有羌寨、有水乡，有皖南民居、晋中民居、陕北窑洞、鄂西吊脚楼……个性的地理名称、独特的建筑样式，以及极富特色的乡土文化，描绘出一幅既波澜壮阔又温婉妩媚的画卷。

  国土东端、海岱之间，齐鲁大地作为中华文明早期的发祥地之一，齐风鲁韵在这里孕育、生长。自然多姿，风俗多彩，农耕文明在这里呈现色彩缤纷的风貌。石头、海草、泥土、树枝在辛勤耕耘的先民手中化为神奇，他们用最易得的材料筑起遮风挡雨的家，既是人们的庇护所，又是大自然的装饰品。一个又一个独特的村落，存于天地之间，逾越千年风雨，见证沧海桑田，有故事，有情怀，其中的韵味深远悠长。因此，传统村落有着不可估量的历史、文化、科学、艺术、经济等社会价值，是珍贵的历史文化遗产。

  《山东古村落印象》一书，由省地名研究所组织力量编辑成书。将住房城乡建设部、文化部、财政部三部门联合公布的山东省境内37个"中国传统村落"作为介绍对象，实地选材取景拍摄，图片凸显村落景观特色，给读者直观的村落印象，以地名的含义、来历及历史沿革为主线进行配文，深入挖掘其深厚的地理、历史文化资源，帮助读者深入解读村落地名文化内涵，诉说乡音，记住乡愁，唤起共同的文化记忆，成为传统村落和优秀传统文化的守护者、传承者，推进乡村振兴，为山东经济、社会发展服务。

编者

2018年12月

目 录
Mu Lu

前言
朱家峪村 00
东峪南崖村 10
青山渔村 18
雄崖所村 26
凤凰村 32
李家疃村 38
梦泉村 46
上端士村 52
兴隆庄村 58
东辛庄村 64
里口山村 70
高家庄子村 78
大涝洼村 84
孟格庄村 90
徐家村 96
徐家疃村 102
北栾家河村 108
川里林家村 114
丛家村 120
界沟姜家村 126
口后王家村 132
奶子场村 138
上阮村 144
石棚村 152
西杨家埠村 158
越峰村 164
上九山村 172
山西街村 180
东楮岛村 188
万家村 194
大庄许家社区 200
东烟墩社区 206
烟墩角社区 212
常山庄村 218
关顶村 224
李家石屋村 230
九间棚村 236

济南市章丘区官庄街道朱家峪村

Jinanshi Zhangqiuqu Guanzhuangjiedao Zhujiayucun

　　朱家峪村位于章丘区政府驻地双山街道东10公里，原名城角峪，后改名富山峪。明洪武四年（1371），朱氏家族先祖朱良盛自河北枣强县迁此定居。因朱系国姓，与皇帝朱元璋同宗，故改名朱家峪。

　　600余年来，朱家峪保存有大量自然、人文景观，作为中国北方地区典型的山村型古村落，它被誉为"齐鲁第一古村""江北聚落标本"。其房屋多是高台阶、青石根基、山字顶，依山就势而建，目的是防止雨水和洪水的冲刷，显示出北方山区古村落的基本特征。

　　村内现仍较完整地保留着古门、古哨、古桥、古道、古祠、古庙、古宅等历史建筑，其中大小建筑近200处、石桥30余座、井泉20余处、庙宇10余处。

JINANSHI ZHANGQIUQU
GUANZHUANGJIEDAO ZHUJIAYUCUN

文昌閣

文昌阁，原名危阁连云，考魁星楼碑志，此阁系山阴朱霞所创，于清道光十八年（1838）完工，距今已有138年历史。阁内上建阁楼，下筑阁洞，造型古雅、壮观。楼洞一体，全用大青方石筑成，历尽沧桑，坚不可摧。

JINANSHI ZHANGQIUQU
GUANZHUANGJIEDAO ZHUJIAYUCUN

文昌阁

1932年，朱姓开明人士创办了朱家峪女子学堂，设一个班，有学生20多人。后在此基础上，朱家峪开办了山阴小学。

JINANSHI ZHANGQIUQU
GUANZHUANGJIEDAO ZHUJIAYUCUN

朱家峪还保留着一座完整的私塾，是一个紧凑的四合院，院内右边是厨房，左边是书房，正对着主人居室的则是一座两层的藏书楼。私塾的主人朱逢寅，自幼聪颖伶俐，勤奋好学，先中秀才，又中举人，再中贡士，方圆百里无人不晓。中年后，他在家中开设私塾，桃李满天下。他的得意门生当属翰林院编修主持刘元亮（今章丘旧城西南温家庄人）和奉天（沈阳）总兵刘仲度（今官庄街道刘家赵庄人），两名学生，一文一武，名闻乡里。

JINANSHI ZHANGQIUQU
GUANZHUANGJIEDAO ZHUJIAYUCUN

朱氏的先祖从河北枣强县迁来，在这叫作胡山的山沟里安顿下来，日益繁衍壮大。有谁能想到，600多年以后，这里会出现一个古村落、一条村边的溪流、一口甘甜的水井、一片可以耕种丰收的山坡……

山阴小学的校门是仿照当时黄埔军校的校门所建。清末至民国年间，本村私塾可谓星罗棋布，多达17处，先后有文峰小学、女子学堂和山阴小学各一处。

村内有一座祠堂，体现了朱氏家族重视文化的传统。朱氏家祠位于旧村北首东侧，建于清光绪八年（1882）。族老朱士杰、朱秉忠和朱秉刚将其复修于民国二十六年（1937）荷月。家祠共分里、外两院，里院有古雅而壮观的正堂，堂前原有名木四株，现只存高大的桧树一棵。

悬于祠门正上方的七星图也有一个故事：相传宋代理学家朱熹出生的时候，右脸部有7个黑点，像天上的北斗星，这被朱氏宗祖视为文运的标志，并将其组成一个"七星图"，悬于祠门之上，以此激励朱氏后人要刻苦读书，以求成为国家栋梁之材。村人还将村西的山叫作笔架山，可见这里的文风之盛。有阁曰文昌，有楼曰魁星，有山曰文峰、曰笔架，足见朱家峪人对文教的尊崇与坚守。

平阴县洪范池镇东峪南崖村
Pingyinxian Hongfanchizhen Dongyunanyacun

　　洪范池镇的南崖村全称为"东峪南崖村"，位于平阴县政府驻地榆山街道西南26.5公里处，大寨山下的东崮峪中。村子东依大寨山省级森林公园，西靠云翠山省级森林公园，属于丘陵间沟壑地形。村中，祠庙、楼阁、古桥、古井、泉眼、碑刻、石雕等文化遗迹星罗棋布，保留有明清建筑300余处，房屋2000多间，主要集中在村西部的万家街、高家街、崔家街3条街道和10余条胡同中。

东峪南崖

Pingyinxian
Hongfanchizhen
Dongyunanyacun

PINGYINXIAN
HONGFANCHIZHEN DONGYUNANYACUN

南崖村房屋多以石头为框架，以黄土夯成，系白灰沙石房顶，极具地方特色，很多家都建有土楼，在整个中国民居建筑中自成体系，是鲁西南灰顶黄土房的典型代表。

村中一户辛姓人家，清朝中期曾有人中武举，辛家胡同西侧三进三出的大院落和路东辛家楼都为其所建。

PINGYINXIAN
HONGFANCHIZHEN DONGYUNANYACUN

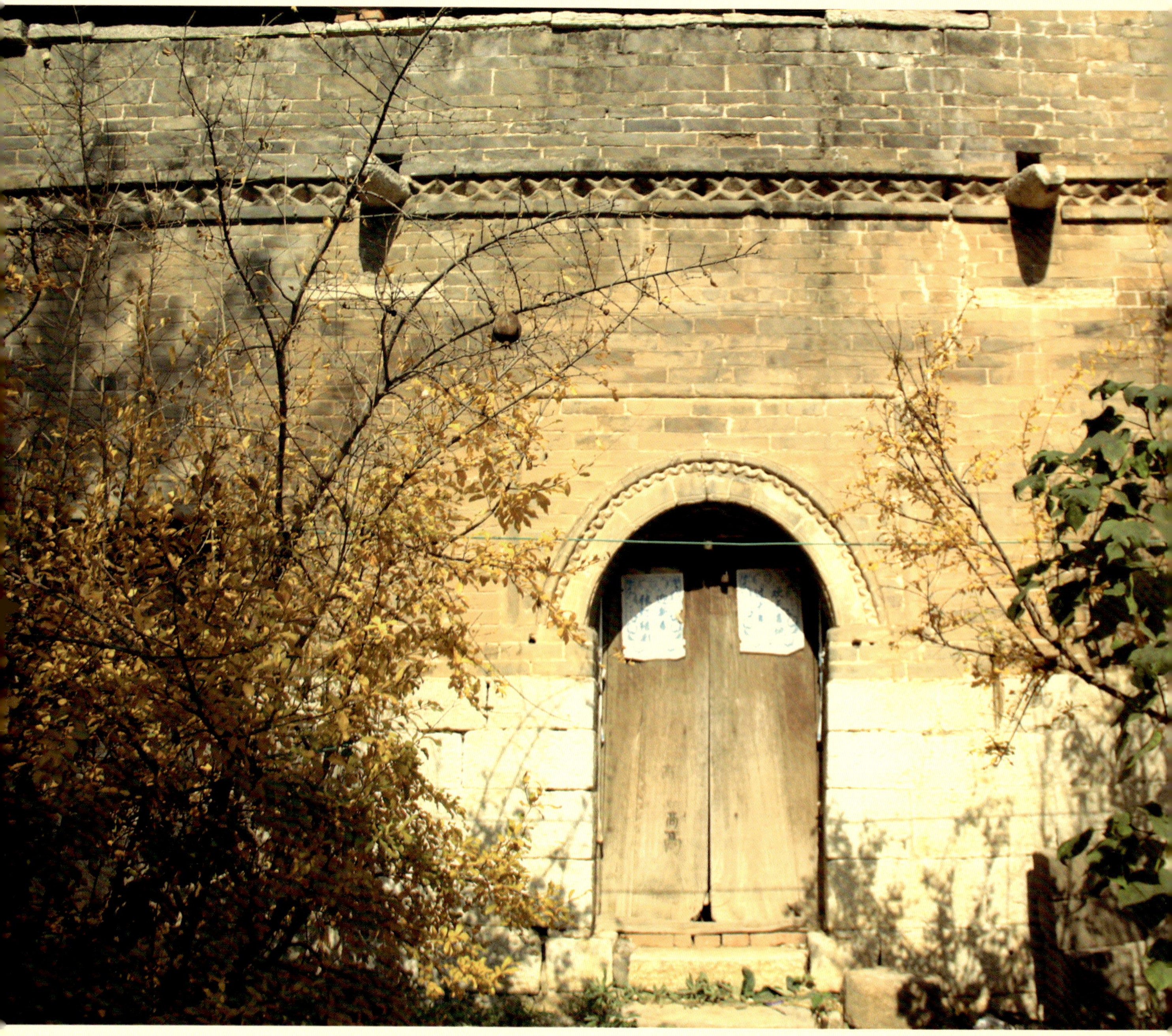

万家楼为三进三出的院落，上下原为三层，现保留二层，建筑系以青石为基、红砖筑墙，风格独特，做工考究，楼内木质楼梯可至二层。

南崖村处于浪溪河（旧称狼溪河）一条支流的最上游。由于地表下有一层吸水石，所以村内随便找一处地方就能打出水井。目前保留下来的老井有20多口，大都能使用，其中以高家井最为古老，独块的井台石上磨出了32道沟，见证了历史的沧桑，村里虽然用上了自来水，但很多老百姓仍然从井中打水吃。

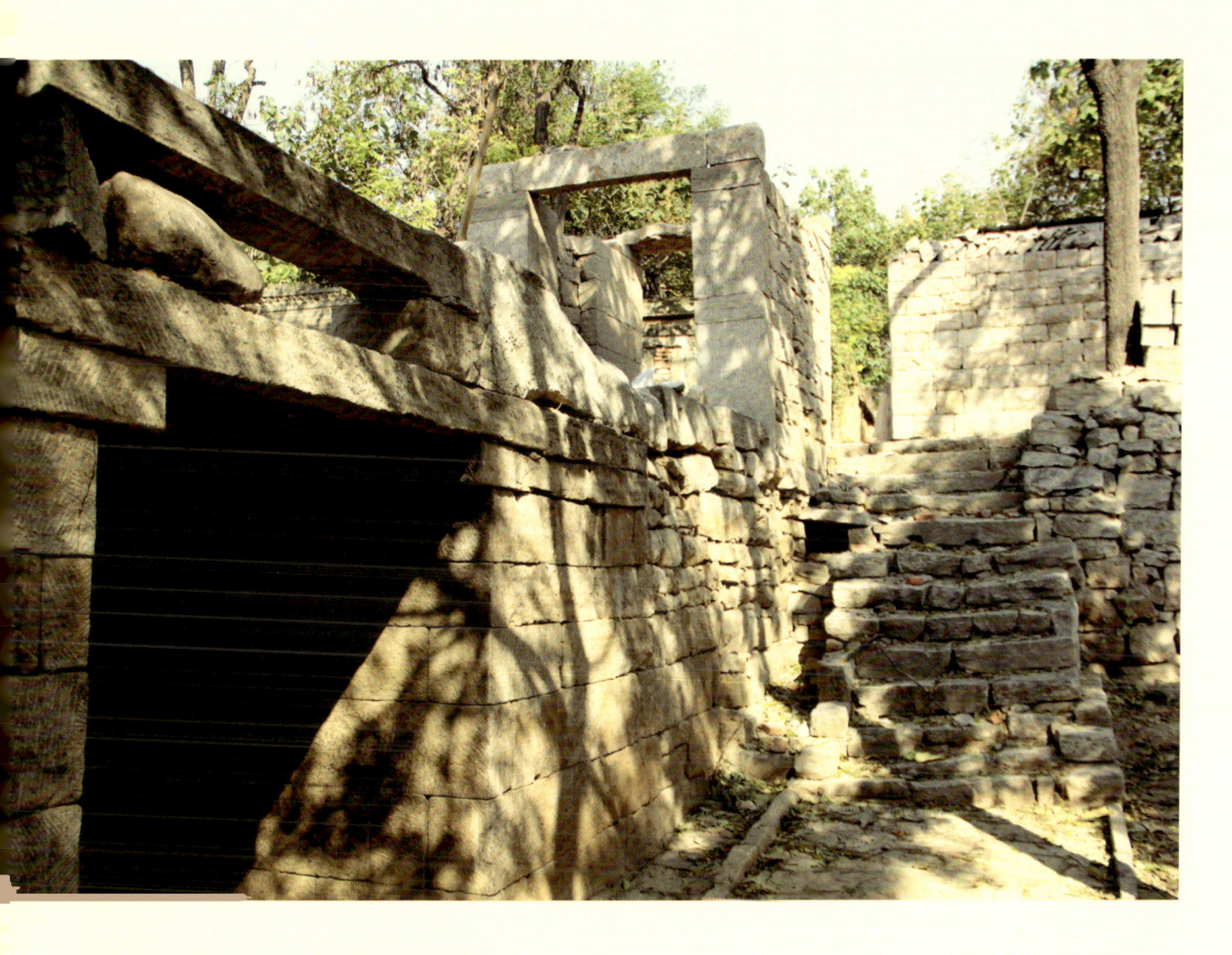

立交桥位于文昌阁东50米，上通南北，下通东西，桥北头有桥头堡，桥身用大型青石叠砌而成，历尽风霜雨雪，未曾受损。此桥大致建于清朝初期，具体时间不详。桥的正东原有高家的大戏台，传说是因高老太腿脚不便，村民为方便其看戏而修建此桥。

PINGYINXIAN
HONGFANCHIZHEN DONGYUNANYACUN

青岛市崂山区王哥庄街道青山渔村
Qingdaoshi Laoshanqu Wanggezhuangjiedao Qingshanyucun

青山渔村位于青岛崂山区政府驻地王哥庄街道东南16.8公里，青山湾的西岸、太清宫的北侧，其周围散布着八水河、教子园、梨子庵、巨木林、面山等自然村，有林、刘、温、唐、姜等姓氏。

QINGDAOSHI LAOSHANQU
WANGGEZHUANGJIEDAO QINGSHANYUCUN

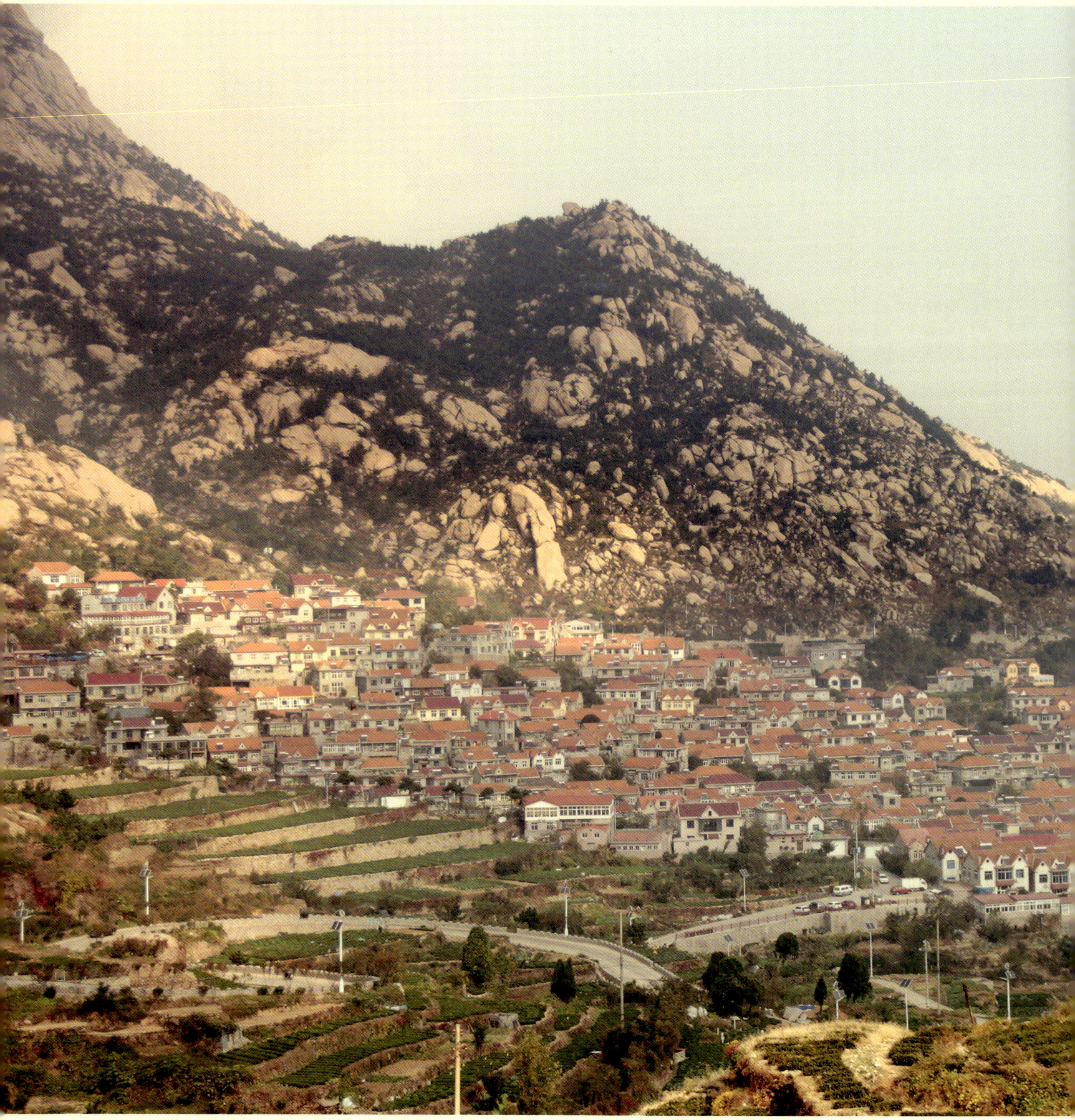

青山渔村的房屋临海依山而建，红瓦白墙的楼房和"茅草石屋"次第呼应；村中树木交错，房院内外青竹幽幽，海上渔船来往穿梭，鸥鸟嬉戏追逐。站在高处远眺，崂山头蜿蜒入海，太清宫白云缭绕。俯瞰碧波荡漾的青山湾和绿树掩映中的青山村，恍若进入"山海仙境"。

QINGDAOSHI LAOSHANQU
WANGGEZHUANGJIEDAO QINGSHANYUCUN

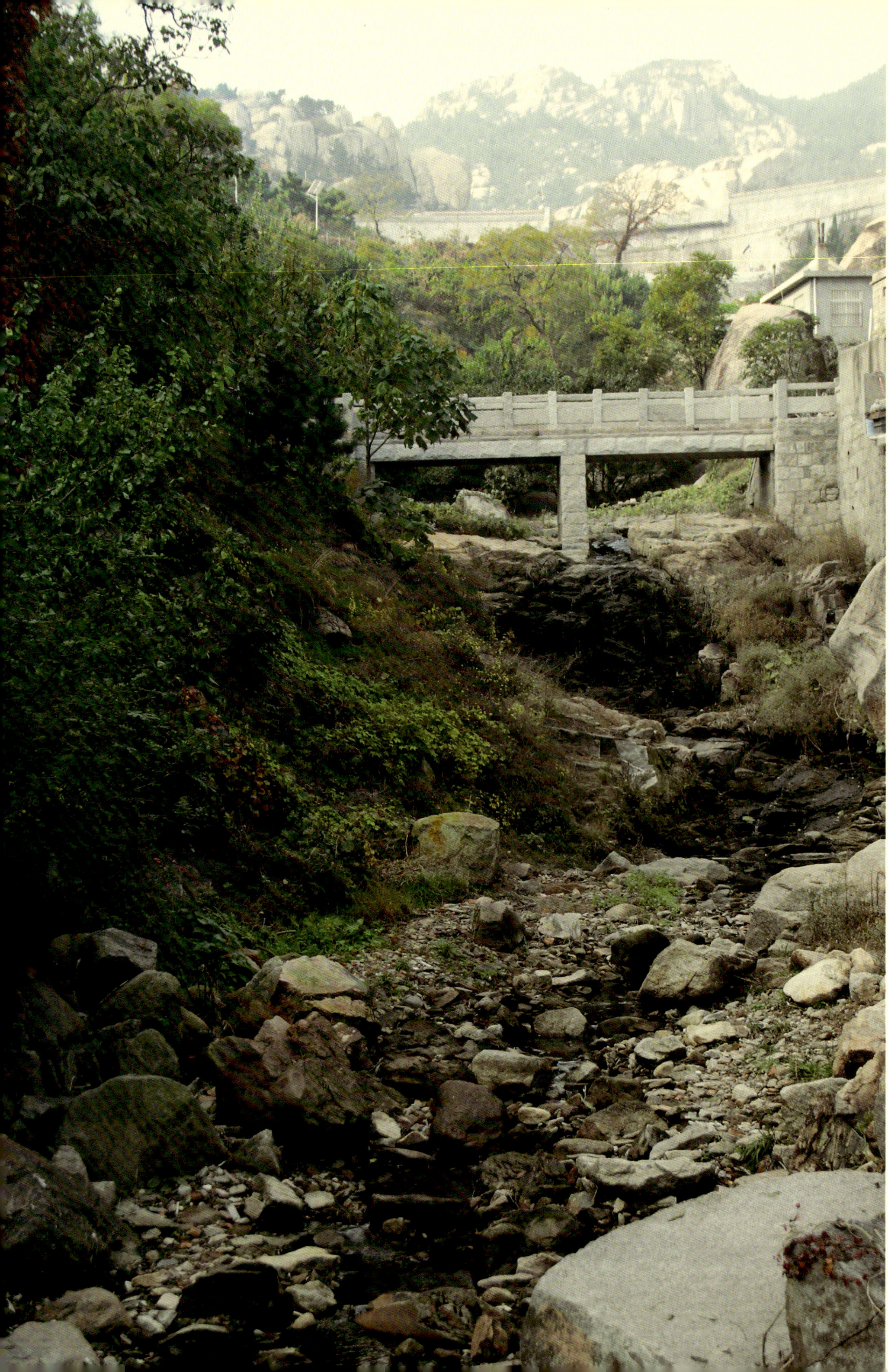

青山渔村的林姓本为同一比族，之所以有"上林""下林"（亦称"大林""小林"）之分，一说是为尊重林本成的族长身份，称其为上；一说是受当时居住条件、交通不便等因素的限制，加之林姓之间血缘已远，而区分为"上""下"，以便相互通婚又不违反传统礼法。此外，村中姜氏原住沙子口的南宅科村，后迁王哥庄的桑园村，其中的一支又从桑园迁青山渔村落户。

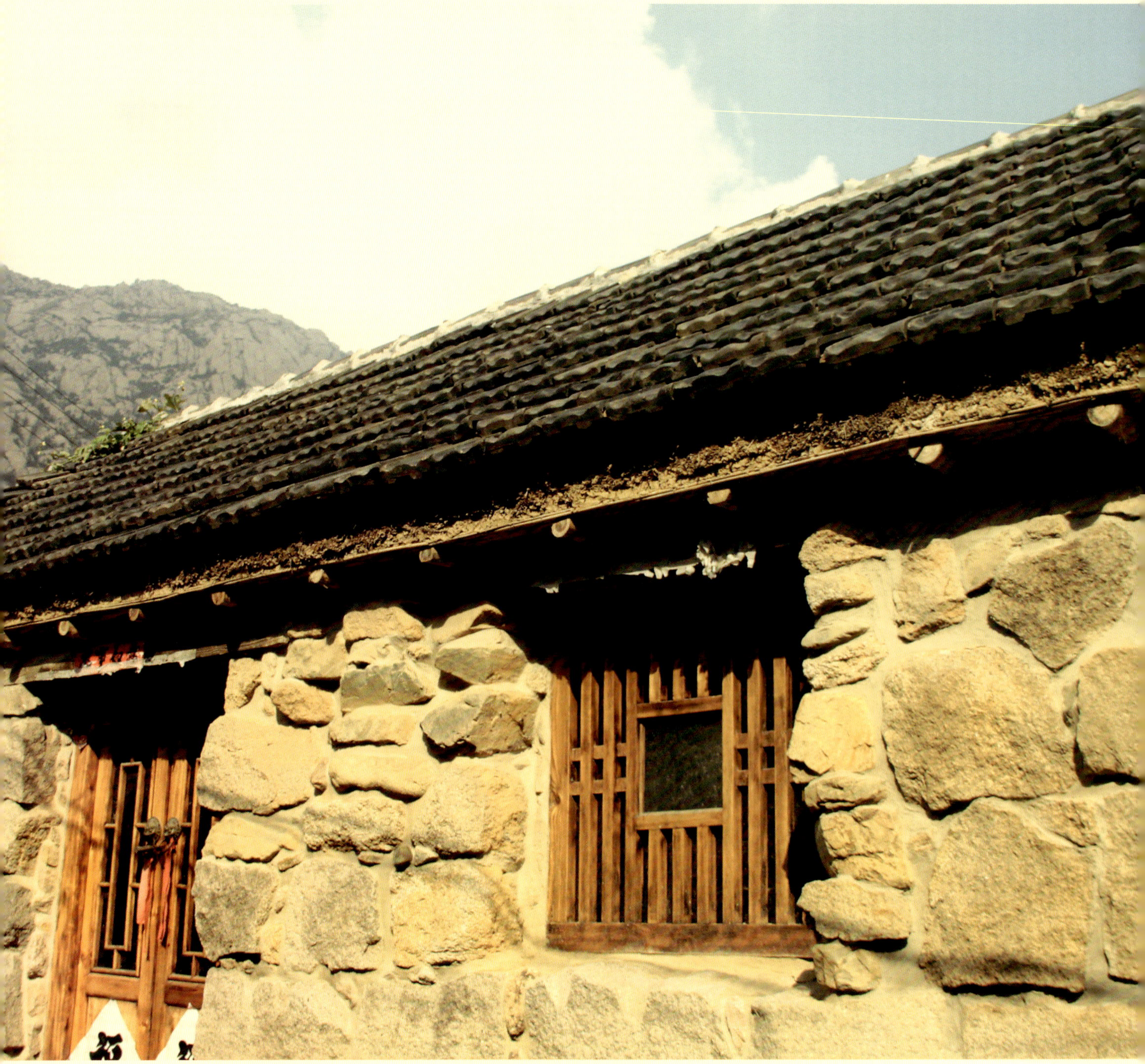

青山渔村位于崂山东南端，地处崂山风景区核心景区内，拥有名山、海港、海滩等，是崂山景区核心村中资源最好、保护最好、基础条件最好的聚落之一。

QINGDAOSHI LAOSHANQU
WANGGEZHUANGJIEDAO QINGSHANYUCUN

青岛市即墨区田横镇雄崖所村
Qingdaoshi Jimoqu Tianhengzhen Xiongyasuocun

田横镇雄崖所村位于即墨区政府驻地通济街道东北44公里处，隋以后属即墨县。村内的雄崖所故城，为明初（1388）为抗击倭寇而建，东临大海，西扼群峰。所谓"雄崖"，指的是村东北之白马岛上的一赭色雄伟断崖。

QINGDAOSHI JIMOQU
TIANHENGZHEN XIONGYASUOCUN

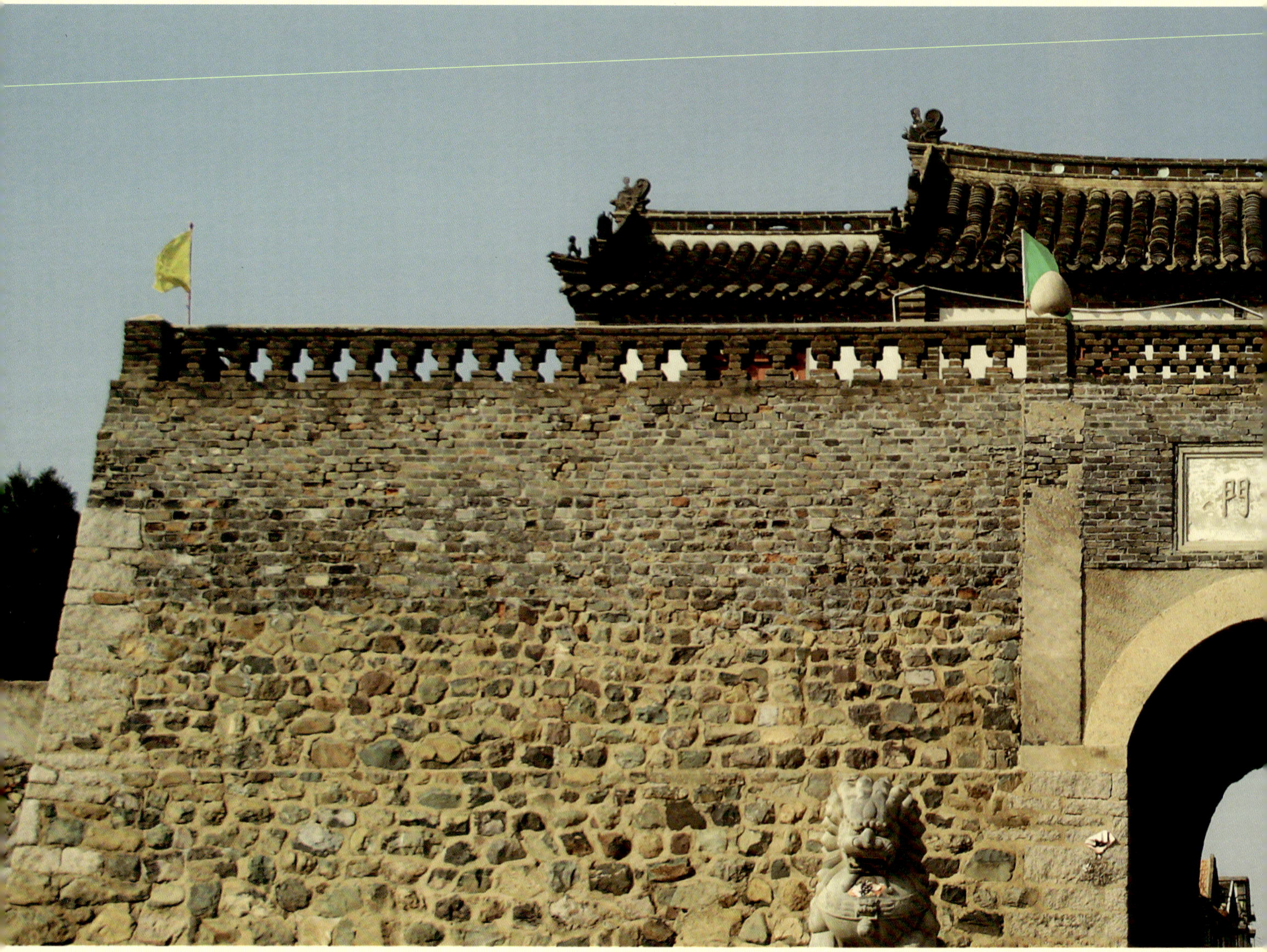

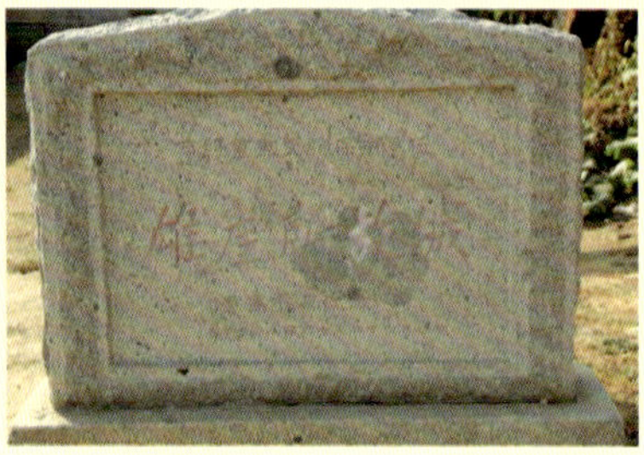

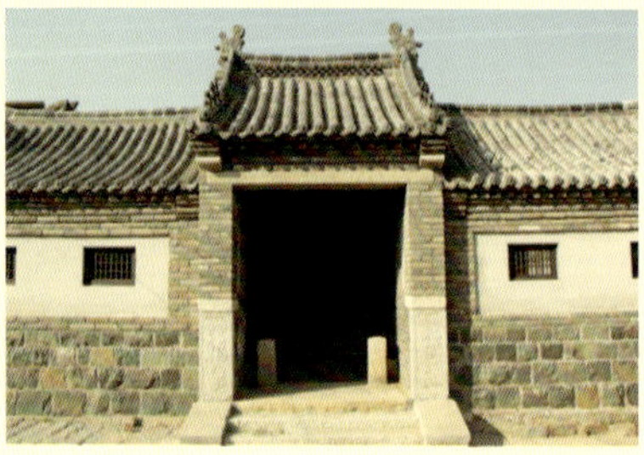

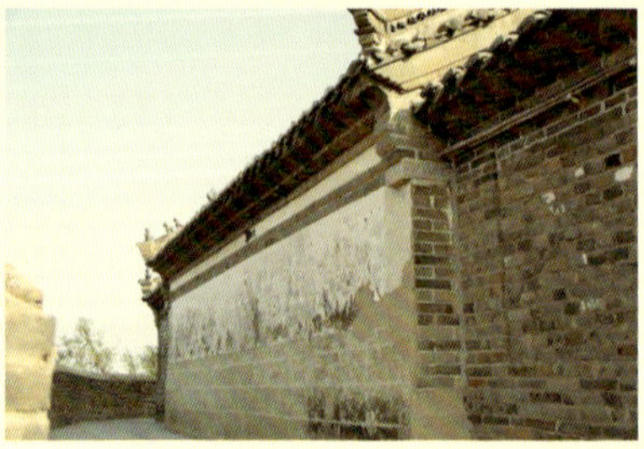

雄崖所建于1402年，是鳌山卫管辖的守御千户所，距今已有600多年历史。这里与海阳、莱阳隔海相望，有"鸡鸣三县"之美誉。古城为正方形，城有四门，各门都有门楼。现在雄崖所的城墙已全部颓塌，东、北两门已无迹可寻，西、南两门保留尚好，村中的东西、南北两条大街是当年所城的主要街道。雄崖所城遗址是青岛市重点文物保护单位。

QINGDAOSHI JIMOQU
TIANHENGZHEN XIONGYASUOCUN

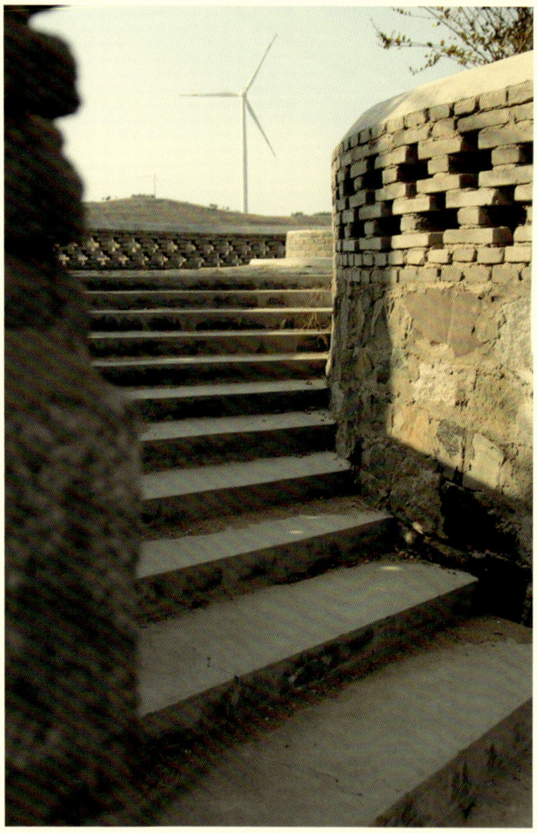

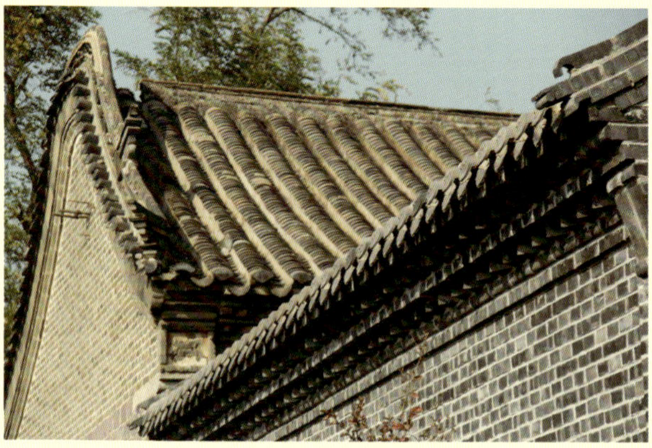

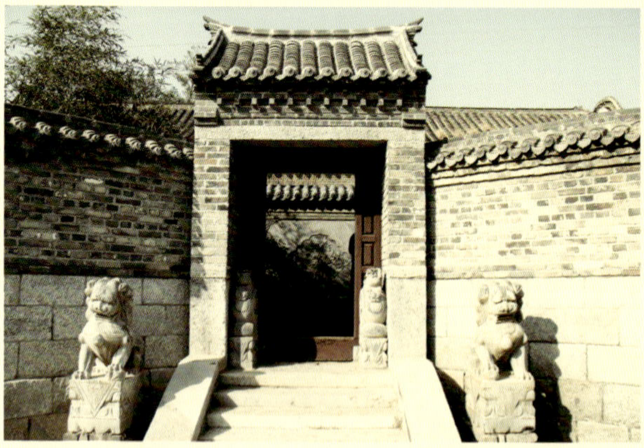

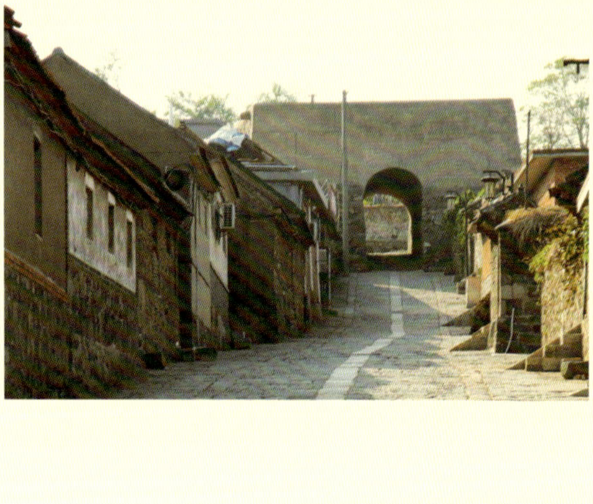

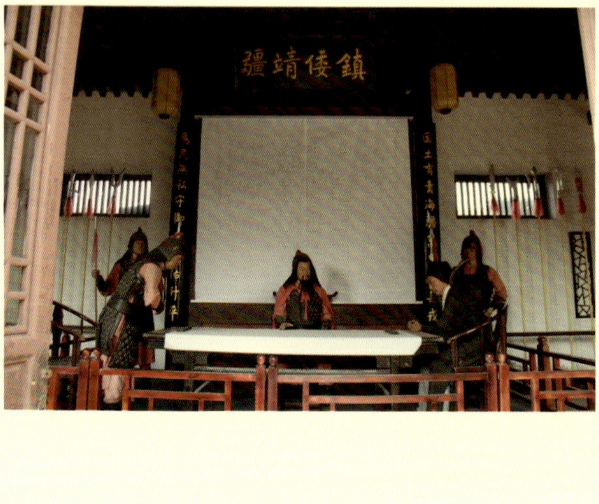
鎮倭靖疆

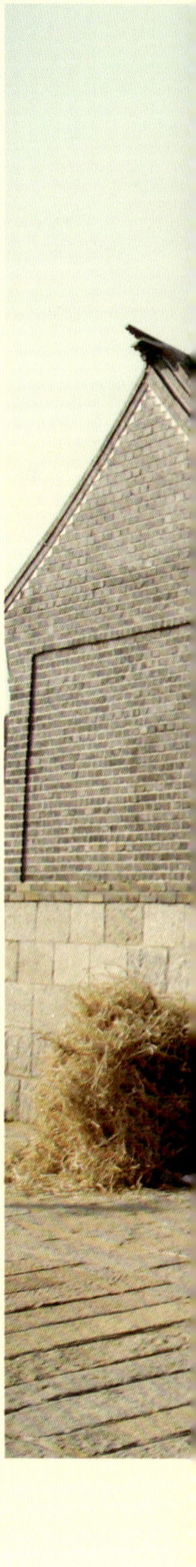

QINGDAOSHI JIMOQU
TIANHENGZHEN XIONGYASUOCUN

青岛市即墨区金口镇凤凰村
Qingdaoshi Jimoqu Jinkouzhen Fenghuangcun

金口镇凤凰村位于青岛即墨区政府驻地通济街道东北35公里处。据《房氏族谱》载，明永乐年间，房氏由云南乌沙卫乐歌屯迁此立村，因此村地处古阡之北，故称其为"北阡"。1949年，北阡分为两个行政村，南街因靠近凤凰山，遂由"北阡南街"而改称"凤凰村"。

QINGDAOSHI JIMOQU
JINKOUZHEN FENGHUANGCUN

桐生朝陽

据凤凰村《房氏族谱》记载，明、清时期这里曾出过七品以上官员28人、太学生46人。一个沿海的偏远小村落居然走出了如此多的人才，不能不说是个奇迹。

QINGDAOSHI JIMOQU
JINKOUZHEN FENGHUANGCUN

凤凰古村

提起村子最出名的地方，当属村里的古建筑，建于清朝时期的55处古老民居至今仍矗立在村庄内，保存完好，为村民们遮风挡雨。一扇扇古老的大木门、一条条幽深的青石小巷、一堵堵雕刻着精美图案的照壁墙，连同在月色中流淌着的一个个动人的传说故事，仿佛是一张张经典怀旧的老照片。

QINGDAOSHI JIMOQU
JINKOUZHEN FENGHUANGCUN

淄博市周村区王村镇李家疃村
Ziboshi Zhoucunqu Wangcunzhen Lijiatuancun

王村镇李家疃村位于淄博市周村区政府驻地青年路街道西南21.2公里处,与章丘接壤。村庄地势平坦,309国道从村北经过。

李家疃

Ziboshi Zhoucunqu Wangcunzhen Lijiatuancun

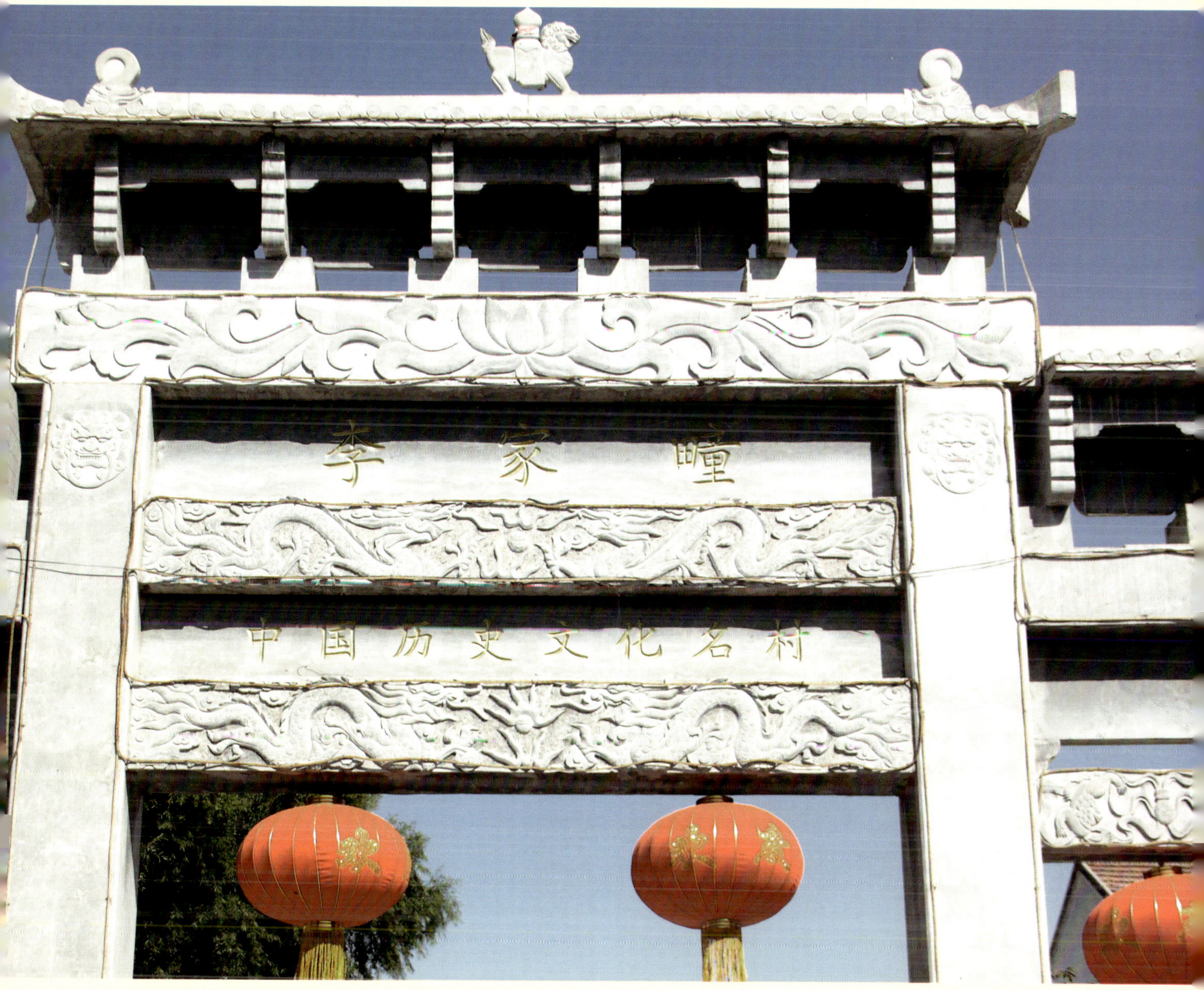
李家疃
中国历史文化名村

19世纪初叶，李家疃村有很多人到南方做绸缎、布匹生意，买卖兴隆，财源亨通，所赚银两大多用于置办土地和扩建房屋。当时最豪华的建筑是9座不同形式的庭院，建在村庄的中轴线上。房屋宽敞高大，造型美观。建筑所用木料考究，房顶用精致瓦和兽形瓦装饰，还建造了5座两层楼房（现存3座），挺拔高耸，巍峨壮观。此外，还有青板瓦房约200间，村南、村北各建造花园一处，南花园名"南寺"，北花园名"怀隐园"。花园布局合理，别具匠心，园内有假山池沼、奇花异石，所用材料大多由江南购运。

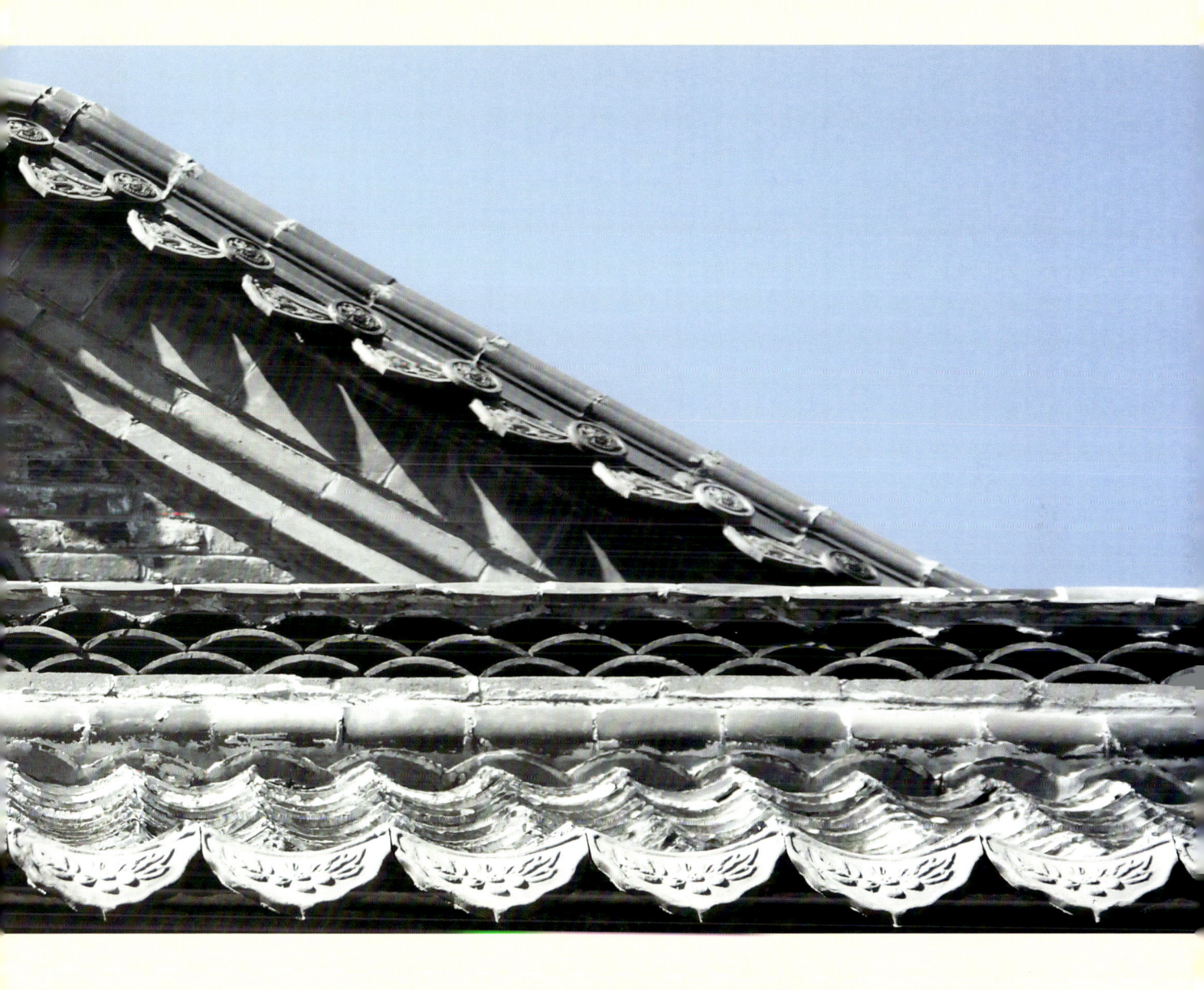

ZIBOSHI ZHOUCUNQU
WANGCUNZHEN LIJIATUANCUN

40/41

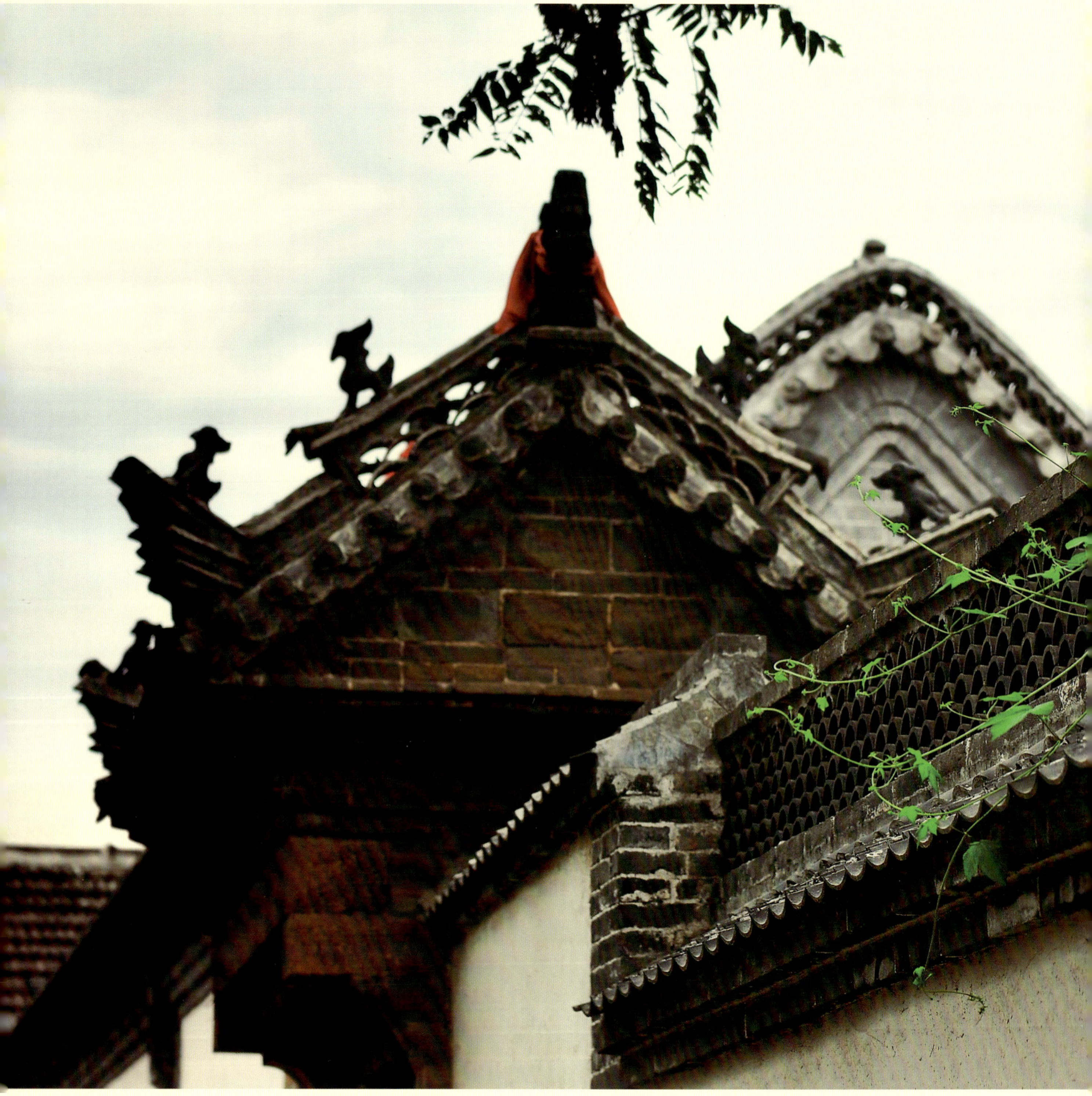

清朝末期，为抵御土匪骚扰，当时以王姓为主的各大户动员村民筹资修建围墙，邻里相助，群策群力，终于在1859年筑围成功。围墙建筑雄伟，高6米，宽4米，全长2452.7米，系用灰土夯实而成，用土5万余方，上面可以行车走人，设有四门。村里还建有两座节孝牌坊，一南一北，系清嘉庆二十四年（1819）所建。两坊建筑全用青石，每块重约数吨、长七八米，挺拔高大，造型美观。

在两坊建筑中，最雄伟的为南节孝坊。坊宽约5～6米，高约7～8米。坊顶青石檐下正中刻有"圣旨"二字，其下分两行刻有"节孝维风，旌表王凤纶妻于氏节孝坊"。坊门前后两侧各装有一对青石雕刻的狮子，造型逼真，惟妙惟肖。

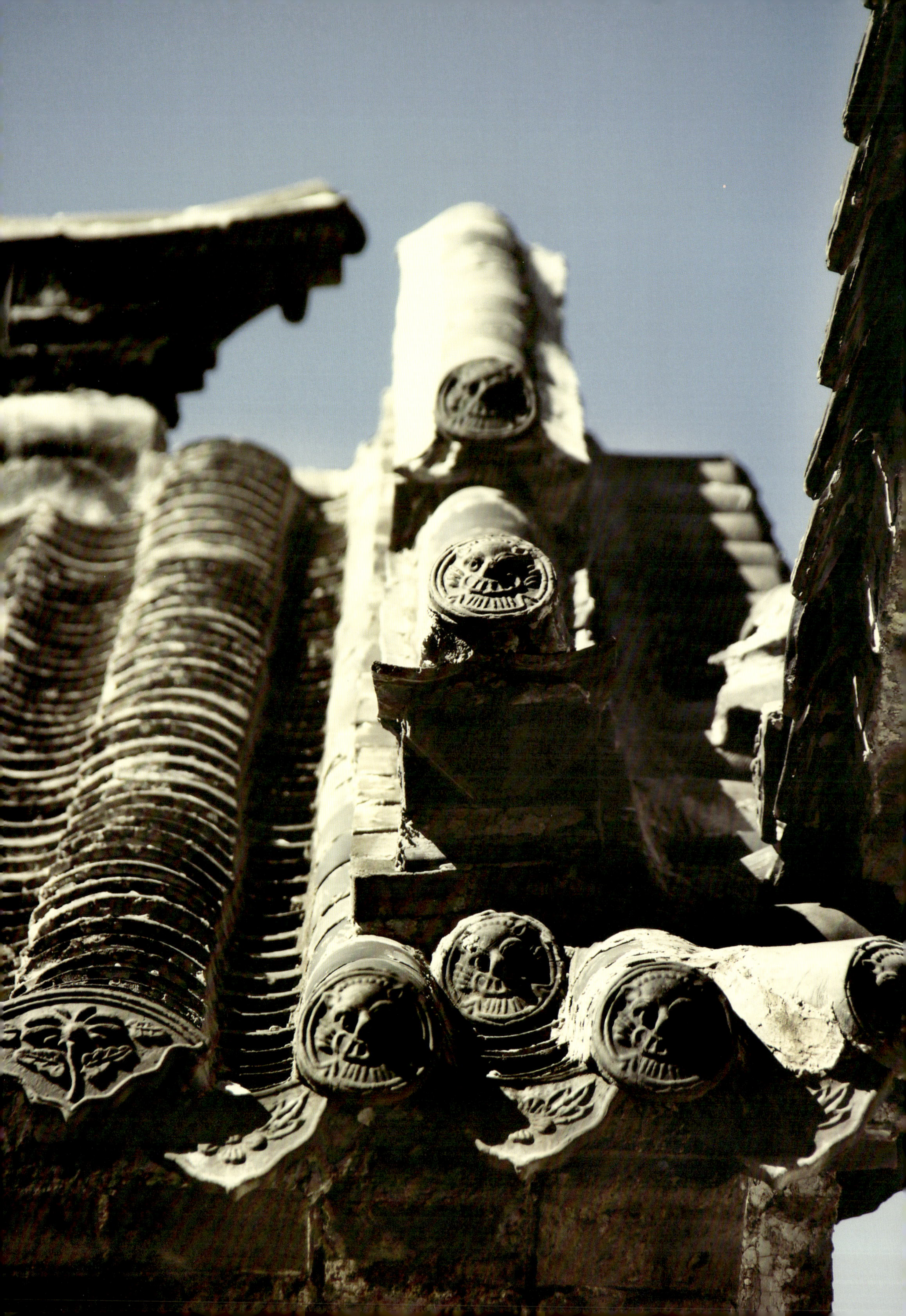

漫步在李家疃的胡同小巷里，周围是如此的安静，摩挲着路两旁古老的院墙，感受那沉淀下来的历史的味道。除了明清风格的建筑外，这里最引人注目的要算数量众多的拴马石了。

无论是根据村民外出经商的史实记载，还是对其曾为一个繁荣的集贸中心的推论，李家疃终究是一个有过浓厚商业文化的古老村落，商业的繁荣成就了代表着明清时代民居建筑风格和工艺水平的古建筑群。

淄博市淄川区太河镇梦泉村
Ziboshi Zichuanqu Taihezhen Mengquancun

梦泉村

Ziboshi Zichuanqu Taihezhen Mengquancun

    太河镇梦泉村位于淄博市淄川区政府驻地般阳路街道东南28公里处，三面环山，村内房屋全部是由石头建造而成。村西险峻的劈山，海拔712米，上有保存完好的齐长城遗址、古兵营遗址。早在1956年，梦泉村一带就出土过春秋时期的铜镞、铜剑。

ZIBOSHI ZICHUANQU
TAIHEZHEN MENGQUANCUN

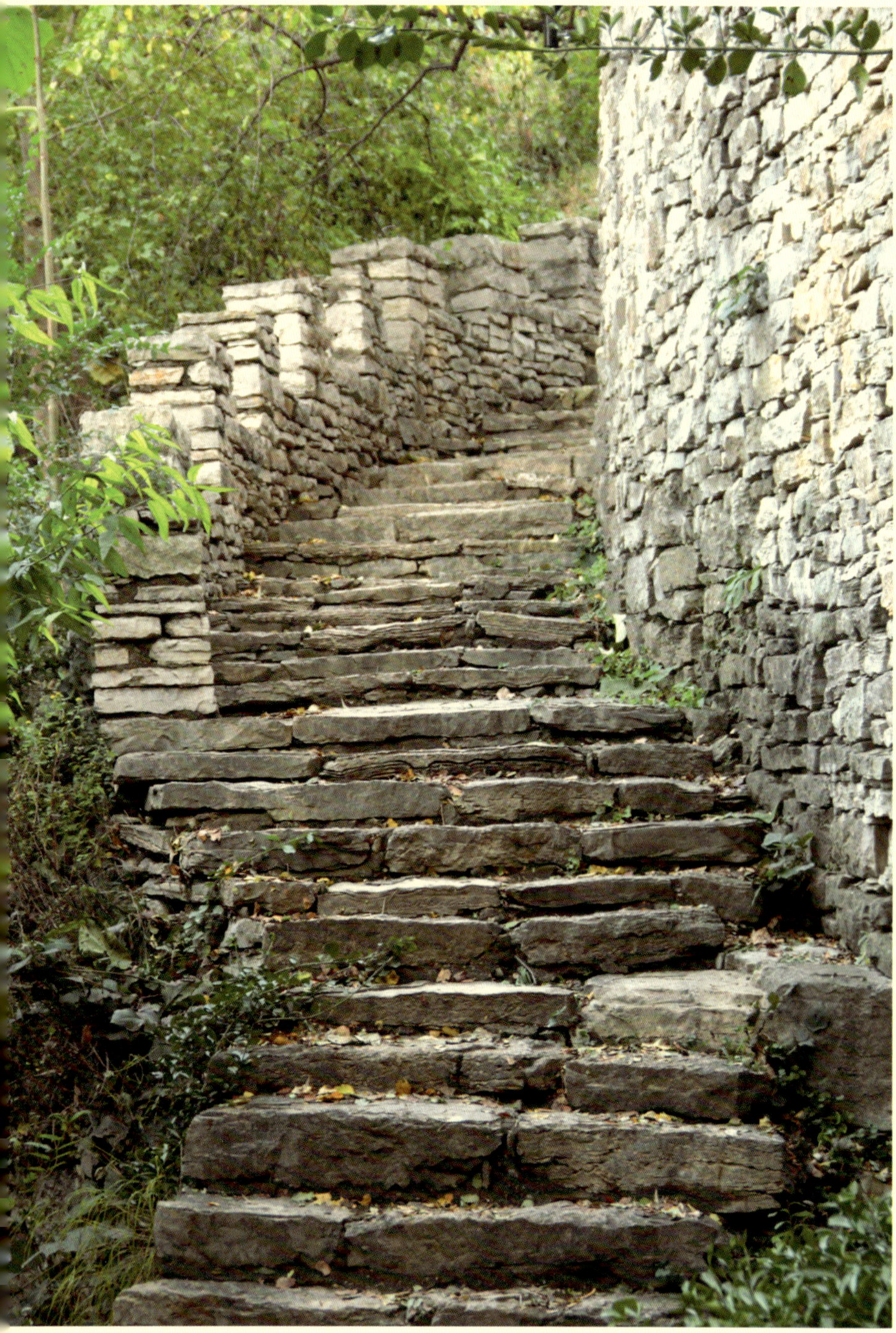

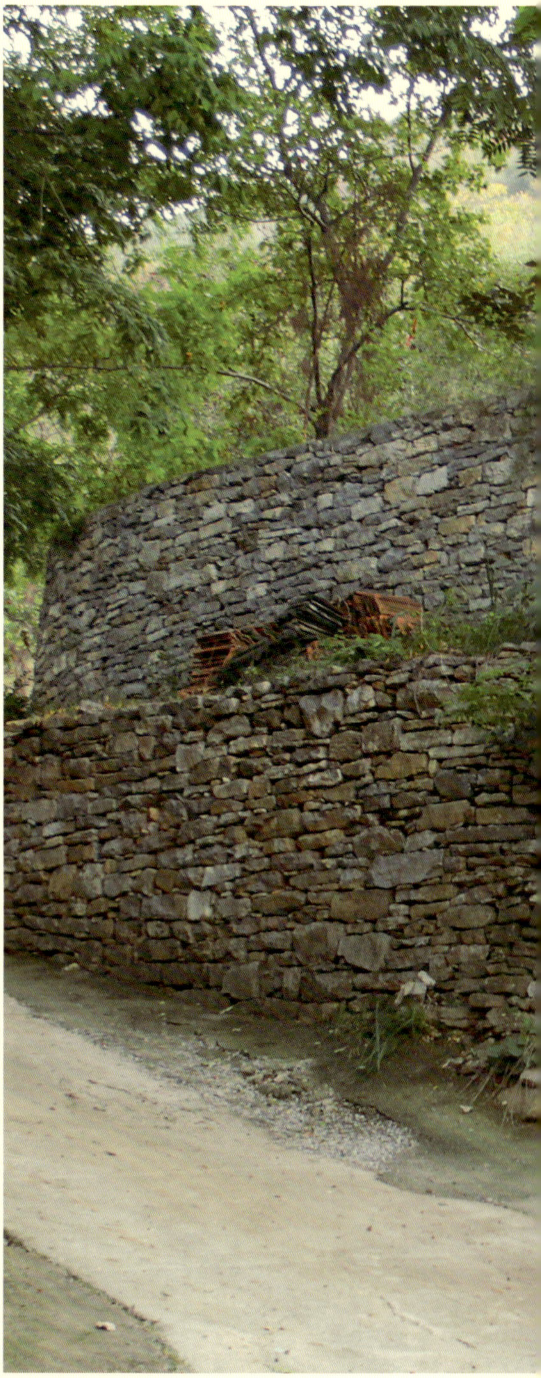

ZIBOSHI ZICHUANQU
TAIHEZHEN MENGQUANCUN

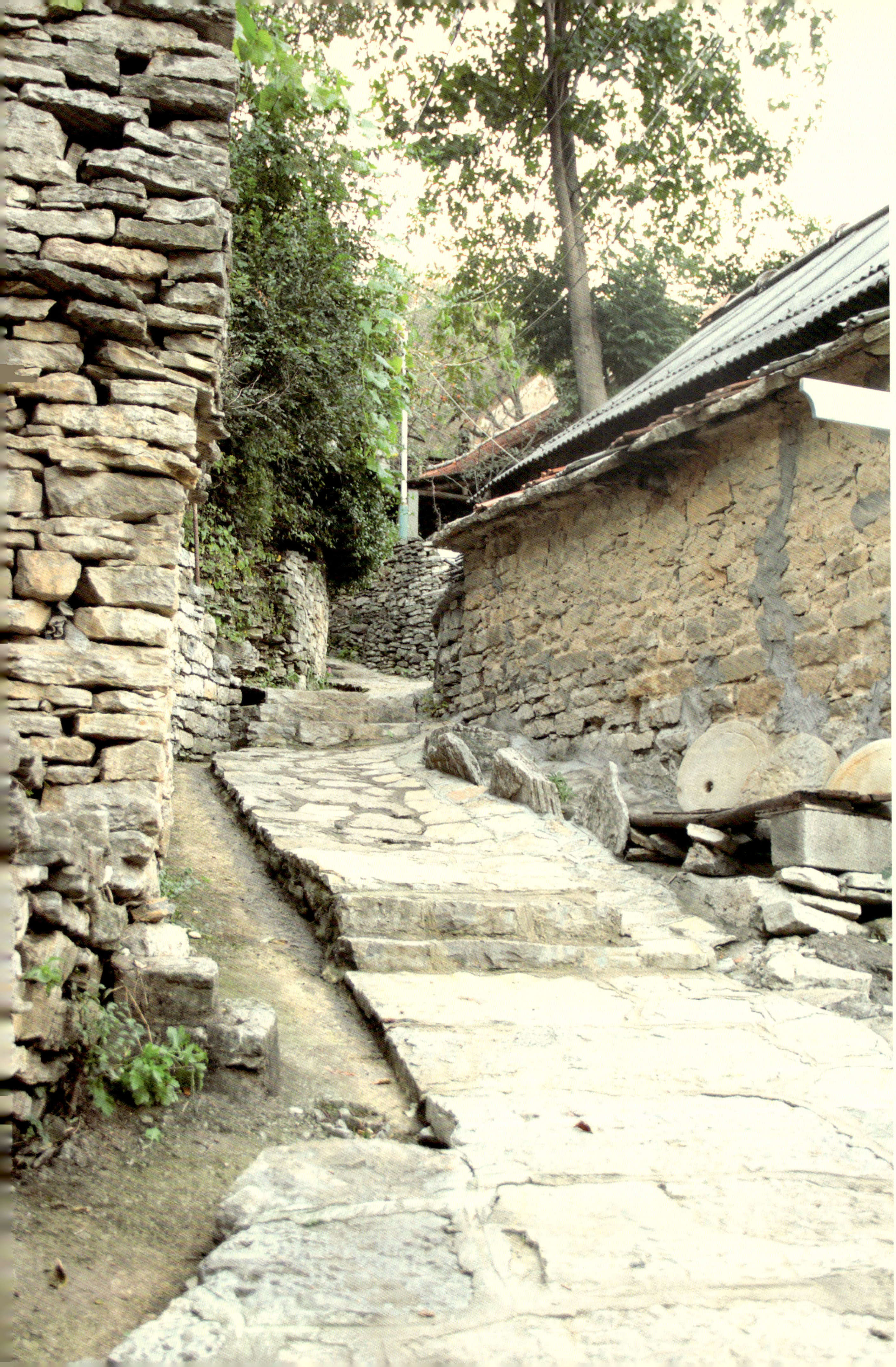

ZIBOSHI ZICHUANQU
TAHEZHEN MENGQUANCUN

50/51

淄博市淄川区太河镇上端士村
Ziboshi Zichuanqu Taihezhen Shangduanshicun

上端士

Ziboshi
Zichuanqu
Taihezhen
Shangduanshicun

上端士村位于淄博市淄川区太河镇。村内有错落有致的石砌建筑、古朴的民风民俗，有李半仙、李举人、"铁笔"李滋华等美丽的故事和传说，有正义祠、云峰观、孔子精华苑、武举楼等人文景观。"茅檐午影转悠悠，门闭青苔水乱流。百转黄鹂看不见，海棠无数出墙头。"这里四面环山，古朴幽静，由于地理位置等原因，村子没有被山外喧嚣所惊扰，依然保存完好，是国家级传统古村落、山东省历史文化名村。

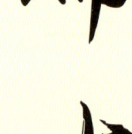

ZIBOSHI ZICHUANQU
TAIHEZHEN SHANGDUANSHICUN

中国传统古村落

国家住房和城乡建设部
文化部
财政部
文物局 二〇一三年三月

这里是个石头的世界。有着数百年历史的石头房子、贯穿于村庄各个角落的石板路，以及用石头制作而成的生活用具，看后不禁让人感慨：笨拙的石头也能创造出丰富多彩的世界。千姿百态的石头文化，淳朴浓厚的民俗风情，这些都是上端士村的独特气质。

有着百年历史的石板路，历经岁月沧桑，人来畜往，每块石头都被磨得细腻光滑，铮铮发亮。

石板路两旁是石头搭建起来的院落。房屋基本保持了明清时期的建筑风格和布局，古式门楼、红漆大门、简易木门和少数柴门、栅栏，高低不等，宽窄不一，家家相连，户户相望，鸡犬之声相闻，邻里朝夕往来，生生不息。

ZIBOSHI ZICHUANQU
TAIHEZHEN SHANGDUANSHICUN

上端士村民管当地的建筑叫"围山转",即顺乎山势而造。千百年来,这里的人们以勤劳的双手就地取材,利用当地丰富的石头资源,修成梯田,盖成房屋,雕成石器,锲而不舍地营造着自己的家园,最终建成了这个神奇的石头王国。

　　更让人称奇的是,这些建筑所用的石头形状规则,中间不用任何黏合剂,石墙上一般用槐木、榆木做窗棂、门棂,上面用茅草盖顶,多是黄牧草。上端士村的小麦种植不是很普遍,小麦秸秆不易多得,但这里漫山遍野都长有黄牧草,它比小麦秸秆还要结实耐用。

　　这样的石头屋子造价低廉,经风耐雨,与大自然保持和谐。有的门上、墙上还刻有"春""福"、牡丹花等图案,起着装饰作用,粗犷中又不失细腻。"深山藏古秀,瑞石撒幽香",漫步于由石门、石阶、石墙组成的石头世界,诗情画意油然而生。

ZIBOSHI ZICHUANQU
TAIHEZHEN SHANGDUANSHICUN

枣庄市山亭区山城街道兴隆庄村
Zaozhuangshi Shantingqu Shanchengjiedao Xinglongzhuangcun

兴隆庄村位于枣庄市山亭区政府驻地山城街道东北5公里处，北依"鲁南第一峰"翼云山，东临翼云湖，南接薛河，西邻城区，山高林密，空气清新，环境优美，民风淳朴，始建于清乾隆年间，是一处以石头为主要建筑材料的小山村。房屋采用当地的青石建墙，房顶以当地的叶片岩为瓦进行覆盖，形成有特色的石板房建筑。

ZAOZHUANGSHI SHANTINGQU
SHANCHENGJIEDAO XINGLONGZHUANGCUN

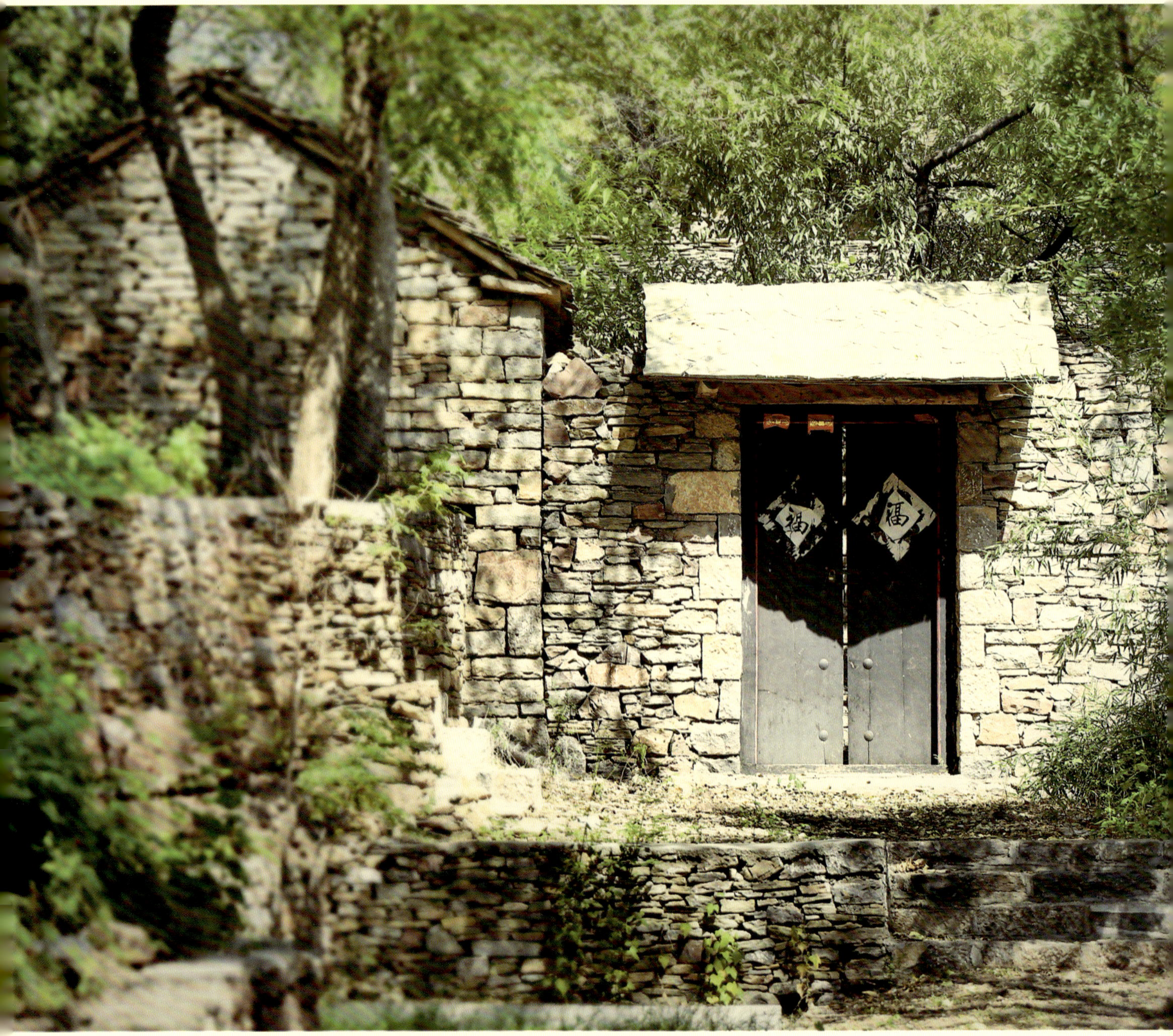
福
福

村落基本保持了原始风貌，老村的基本格局及房屋建筑形式并未发生大的改变。

兴隆庄

在300余年的历史长河中，该村村民就地取材，以石块砌墙、石板覆顶，建成石板房居住，石碾、石槽、石臼、石磨、石台等石制器具随处可见。

ZAOZHUANGSHI SHANTINGQU
SHANCHENGJIEDAO XINGLONGZHUANGCUN

滕州市羊庄镇东辛庄村
Tengzhoushi Yangzhuangzhen Dongxinzhuangcun

　　羊庄镇东辛庄村位于滕州市政府驻地北辛街道东南28.5公里处。刘氏于清康熙初年迁入，联亲定居，故称"亲庄"，后逐渐演变为"辛庄"，清末改称"上辛庄"，后更名为"东辛庄"。

TENGZHOUSHI
YANGZHUANGZHEN DONGXINZHUANGCUN

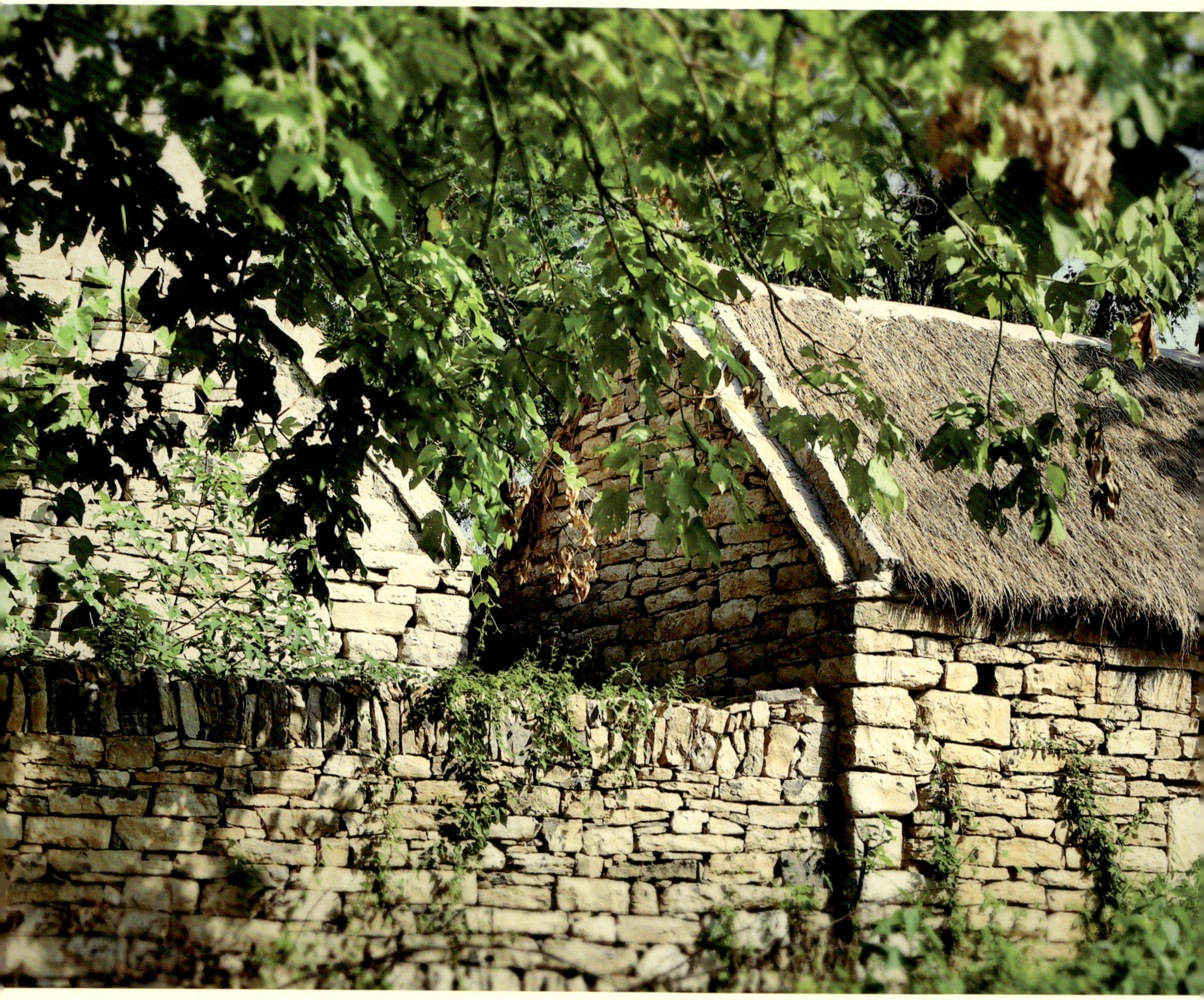

走进古村落，沿着石板路，可以看到院落里人工细砌的石头墙，院内摆放着石碾、石窝子，就连家用的桌、凳、灶、槽等也是用石料制成的。

TENGZHOUSHI
YANGZHUANGZHEN DONGXINZHUANGCUN

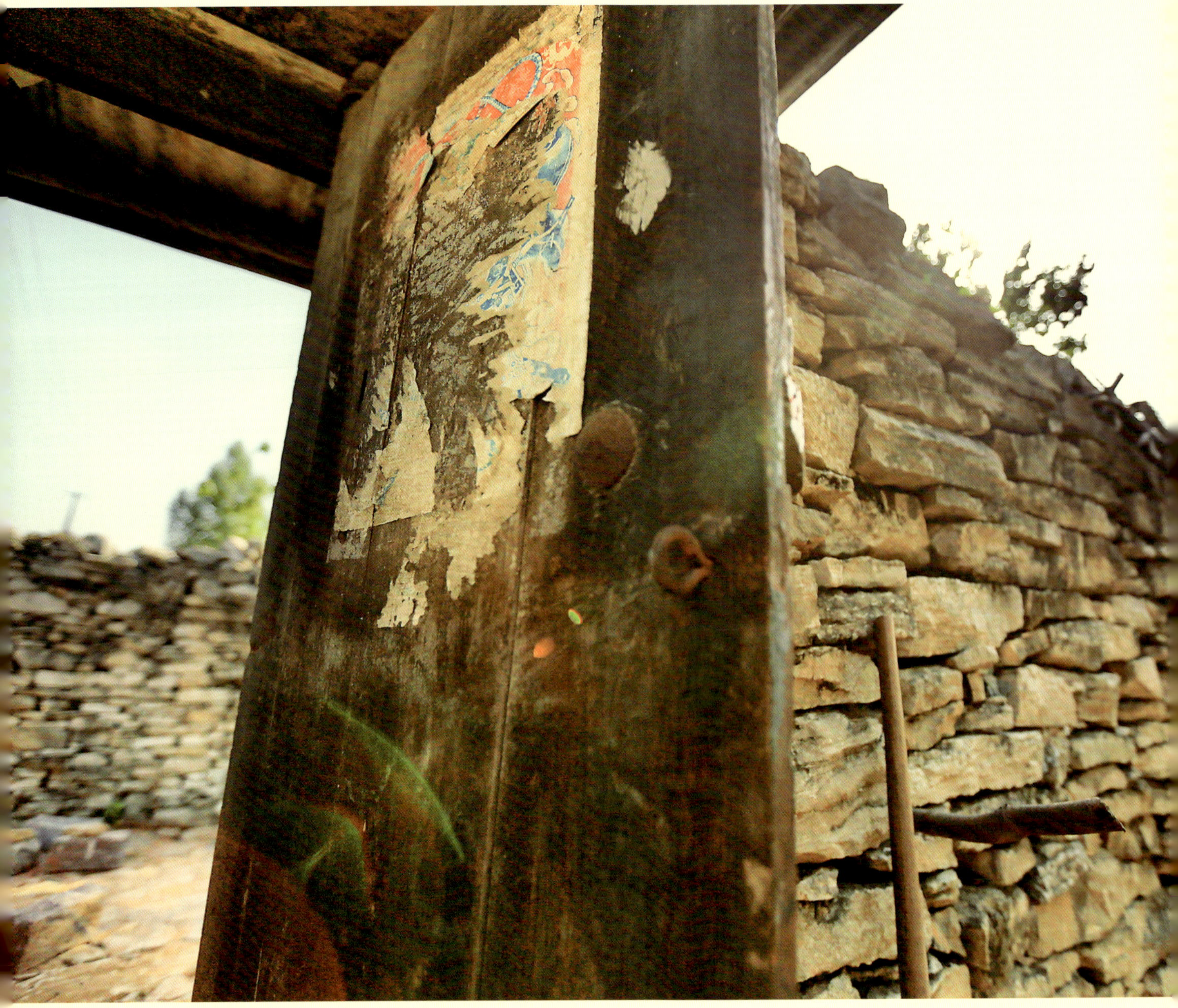

TENGZHOUSHI
YANGZHUANGZHEN DONGXINZHUANGCUN

烟台市牟平区姜格庄街道里口山村
Yantaishi Mupingqu Jianggezhuangjiedao Likoushancun

里口山村位于烟台市牟平区政府驻地宁海街道东14公里处。元末，有张姓一家迁此居住，此地故名"张家疃"。1961年，因此村周围都是山，改名"里口山"村。里口山村地处山地丘陵，土质良好，水热充足，尤其是光照条件好，是牟平区的瓜果名村。

YANTAISHI MUPINGQU
JIANGGEZHUANGJIEDAO LIKOUSHANCUN

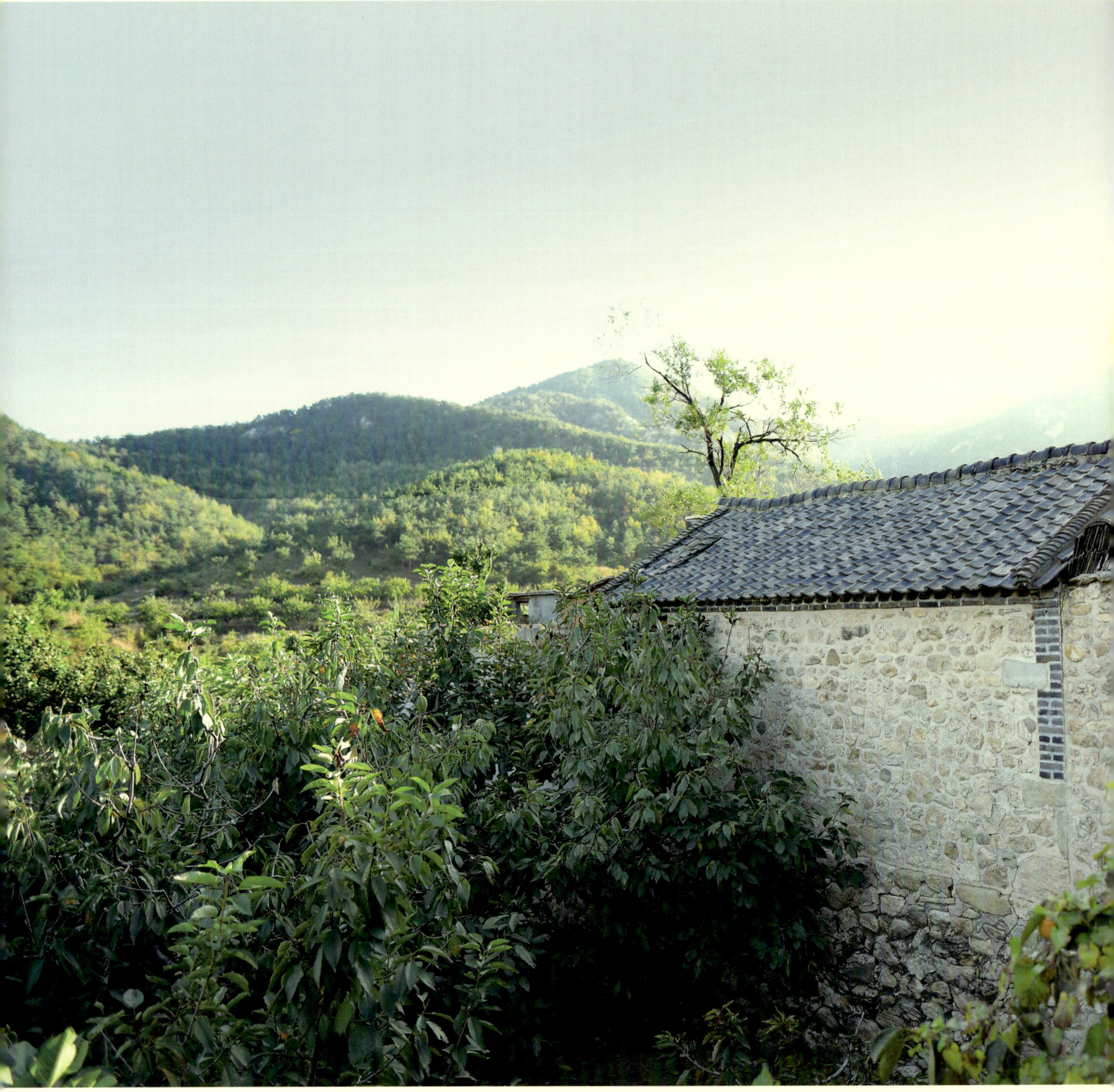

春天进得山门，杏花如雪，桃花如粉，掩映青砖红瓦；夏天绿叶满山，果实或黄或红，叫人赏心悦目；秋天徜徉田野，斜阳高照，地面金黄，望之心神陶醉；冬天河流封冻，白雪皑皑，炊烟袅袅，收藏春的生机……

YANTAISHI MUPINGQU
JIANGGEZHUANGJIEDAO LIKOUSHANCUN

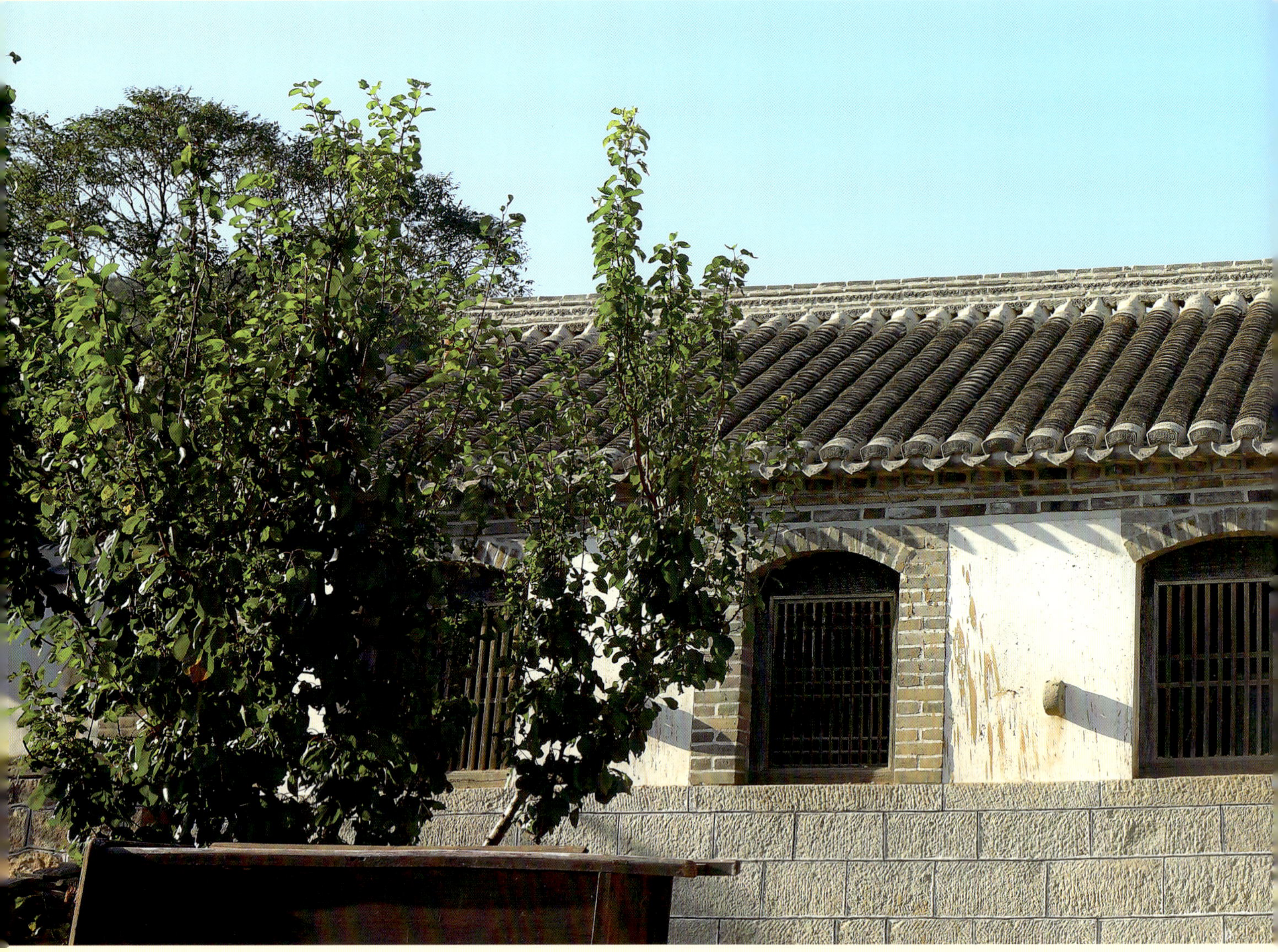

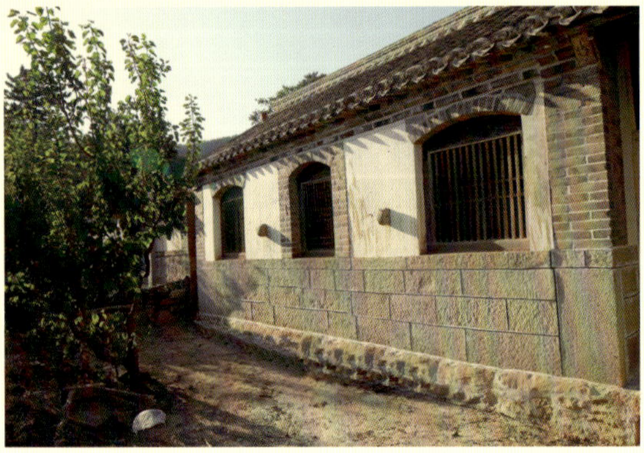

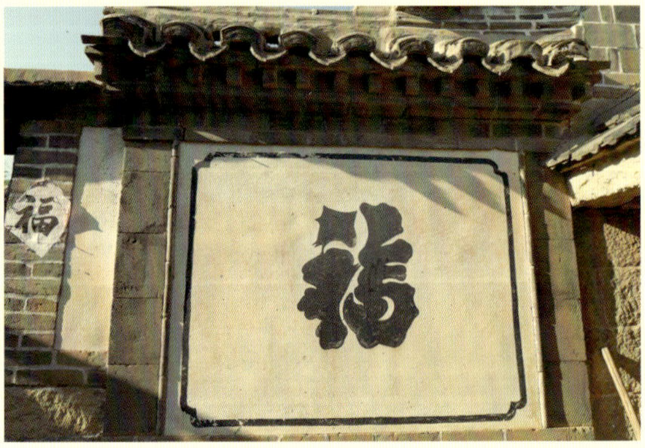
福
福

YANTAISHI MUPINGQU
JIANGGEZHUANGJIEDAO LIKOUSHANCUN

村庄布局独具特色，沿山地蜿蜒七八里，民居多为胶东地区典型的石头房，居民就地取材，所建房屋百年不倒，"小桥流水人家"的情景如诗如画。

历来被称为"海上仙山之祖"的道家仙山昆嵛山，其所孕育的胶东神仙文化与道教文化使这里的村民性情淳朴，村里千百年来流传着"龙劈瑶池""孟良守关""书办赠庄""仙蝉望月"等民间传说，文化底蕴深厚。

里口山村

YANTAISHI MUPINGQU
JIANGGEZHUANGJIEDAO LIKOUSHANCUN

招远市辛庄镇高家庄子村
Zhaoyuanshi Xinzhuangzhen Gaojiazhuangzicun

辛庄镇高家庄子村位于招远市政府驻地温泉街道西北22.5公里处。西汉末年,高姓徙居此地,以姓氏取名"高家庄子"。

ZHAOYUANSHI
XINZHUANGZHEN GAOJIAZHUANGZICUN

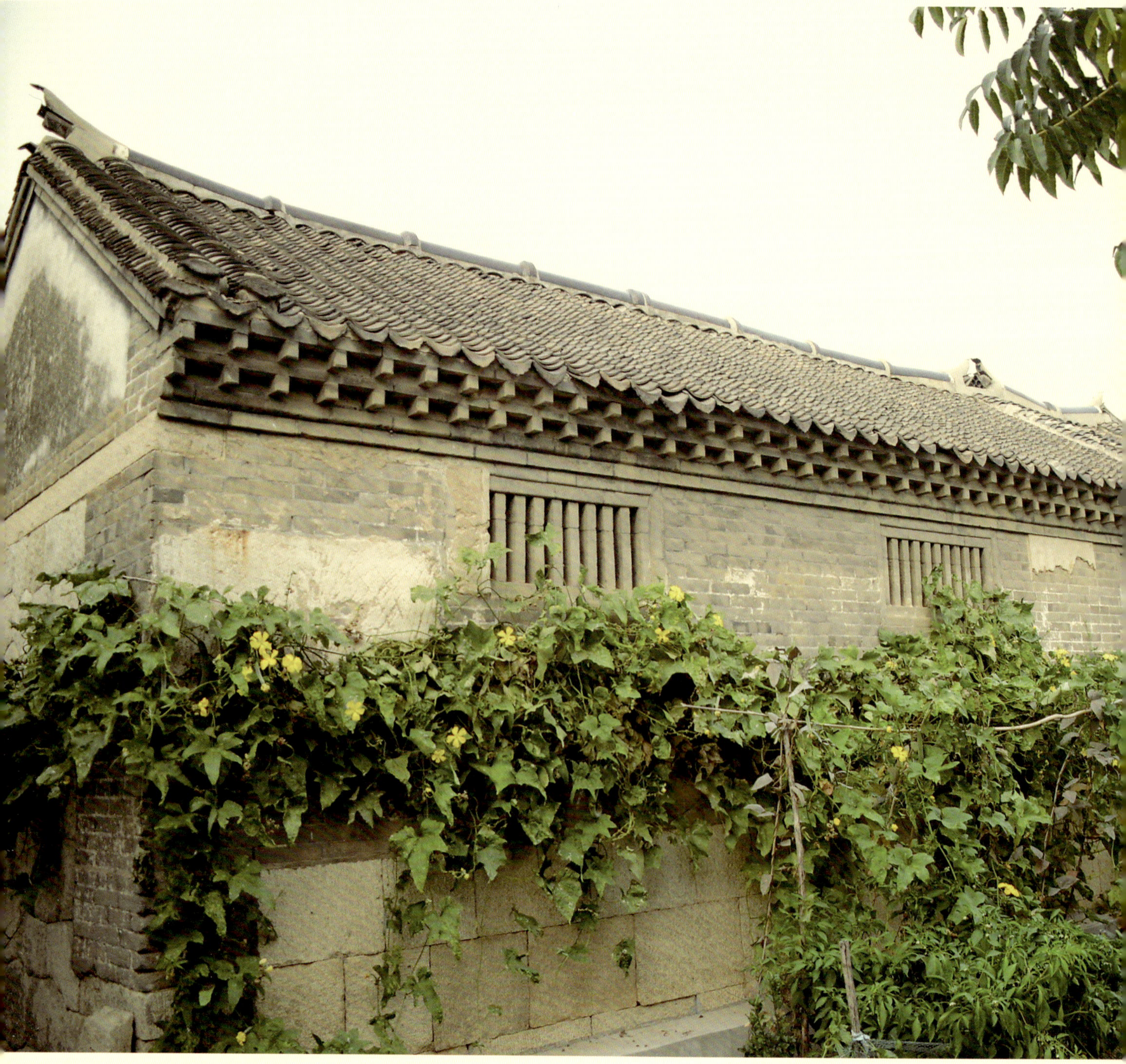

高家庄子

走进村中，徜徉在古朴的街道，两边的老墙老巷、古树古宅，如同一幅被时空遗留下来的画卷，徐徐展现在我们面前。

ZHAOYUANSHI
XINZHUANGZHEN GAOJIAZHUANGZICUN

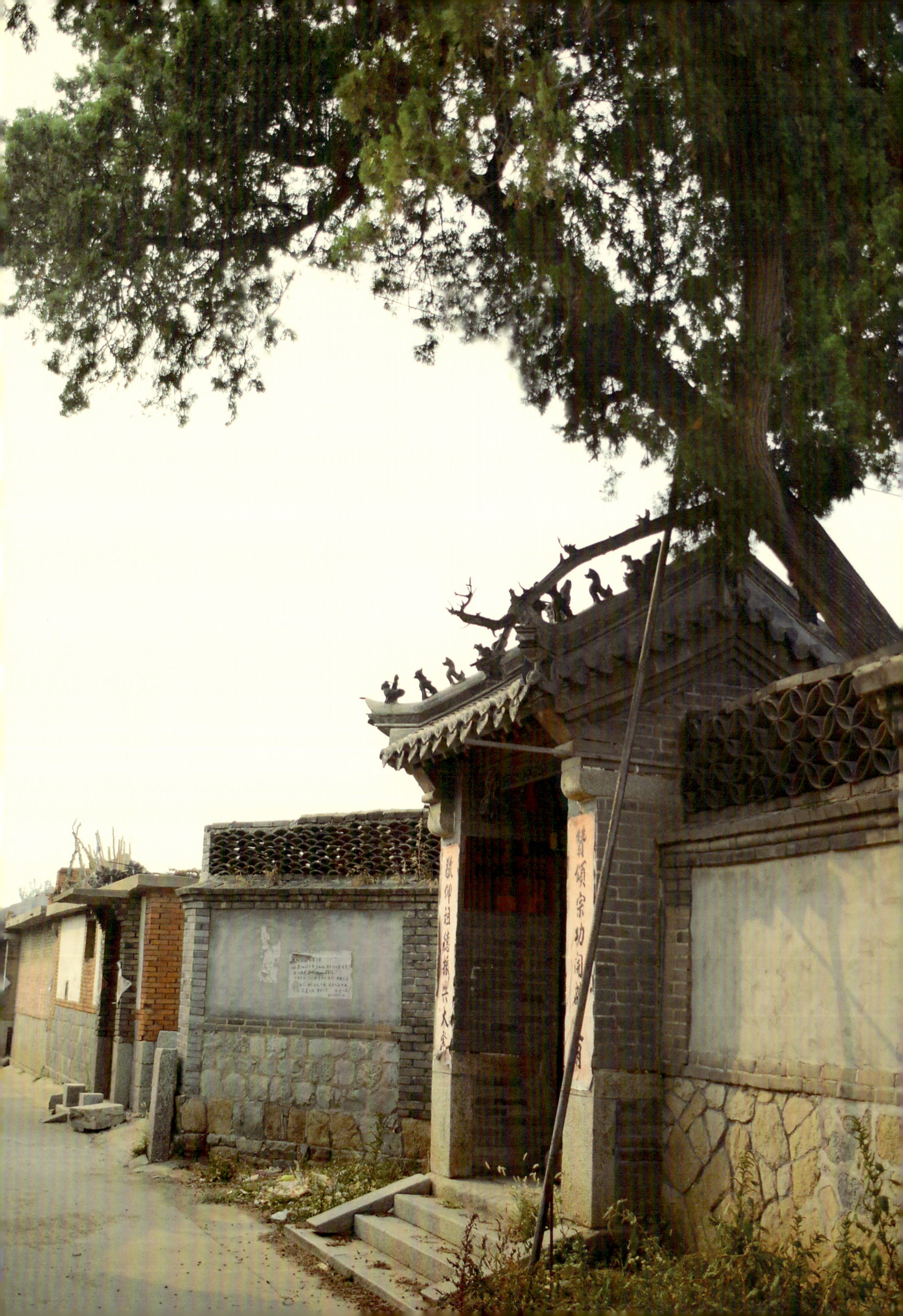
敬仰祖德振兴大业

高家庄子

ZHAOYUANSHI
XINZHUANGZHEN GAOJIAZHUANGZICUN

招远市辛庄镇大涝洼村
Zhaoyuanshi Xinzhuangzhen Dalaowacun

辛庄镇大涝洼村位于招远市政府驻地温泉街道西北21公里处。明洪武二年（1369），李安、李厚兄弟由四川成都府金堂县徙居此地建村，因地势较低洼，故名"涝洼村"。明成化年间，李正方、李纯芳等一部分李氏后人迁至村北建"小涝洼"，该此村改称"大涝洼"。大涝洼村主要存有清朝和民国时期特色民居。

ZHAOYUANSHI
XINZHUANGZHEN DALAOWACUN

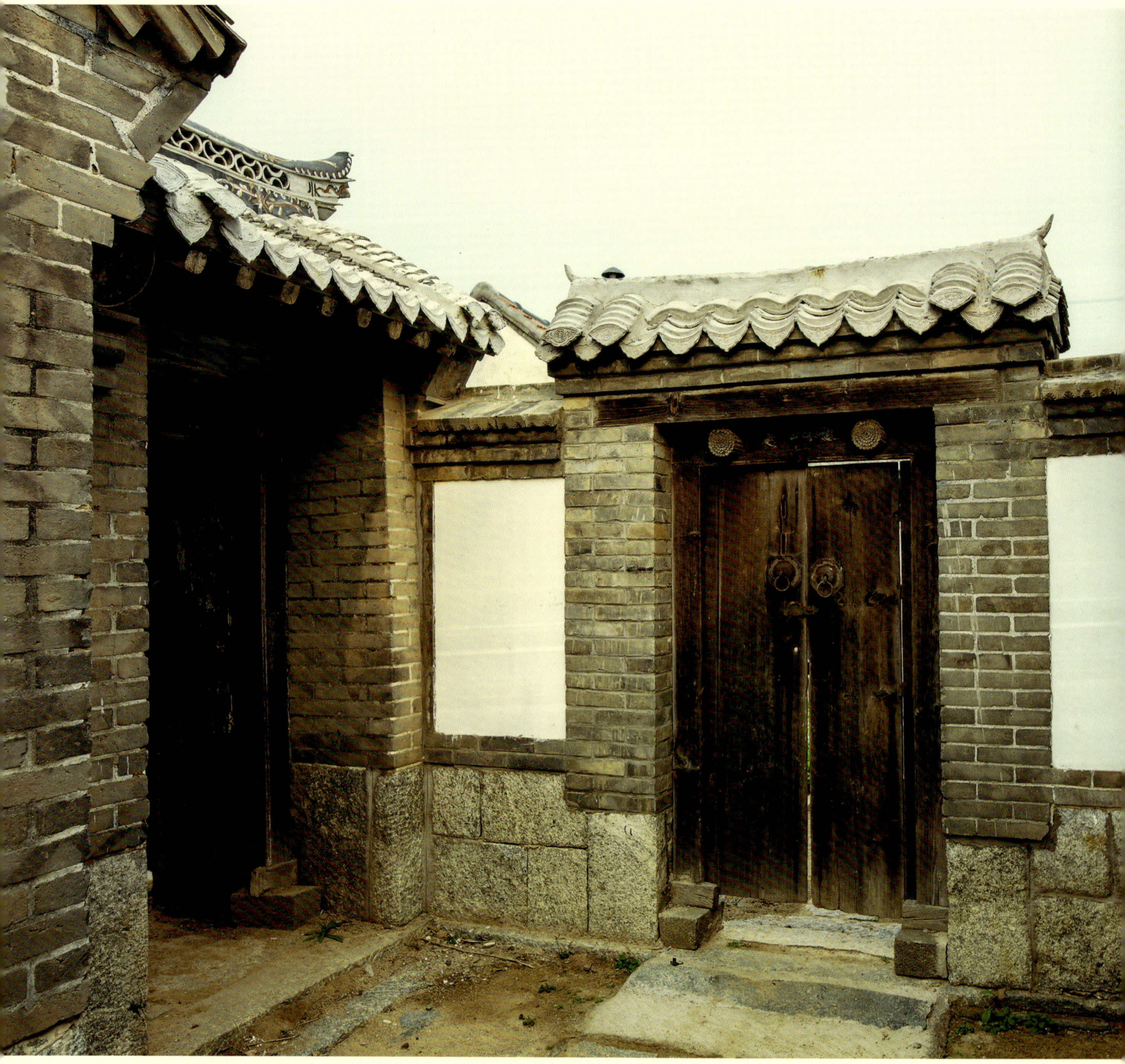

大涝洼村整体布局从明清时期延续至今。村中有3条宽阔整齐的大街、10条长短不一的胡同，街道两旁排列着许多青瓦老房。大涝洼村内现有建于清朝的民居20余栋，其中8栋为建于乾隆年间的特色民居。8栋四合院在胶东民居的基础上吸收了北京四合院的特点，门饰上面有用浮雕、镂雕等方式雕琢出的各式精致图案。

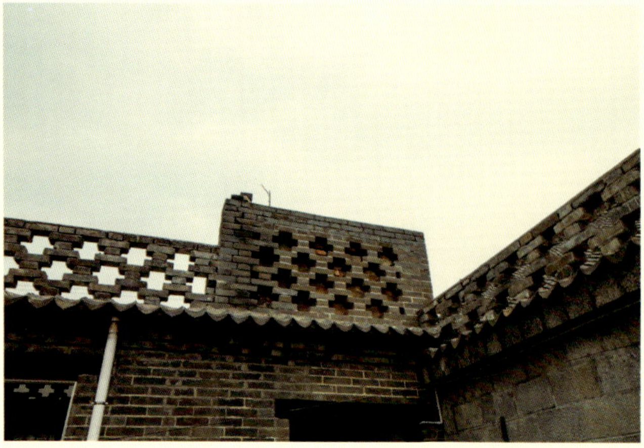

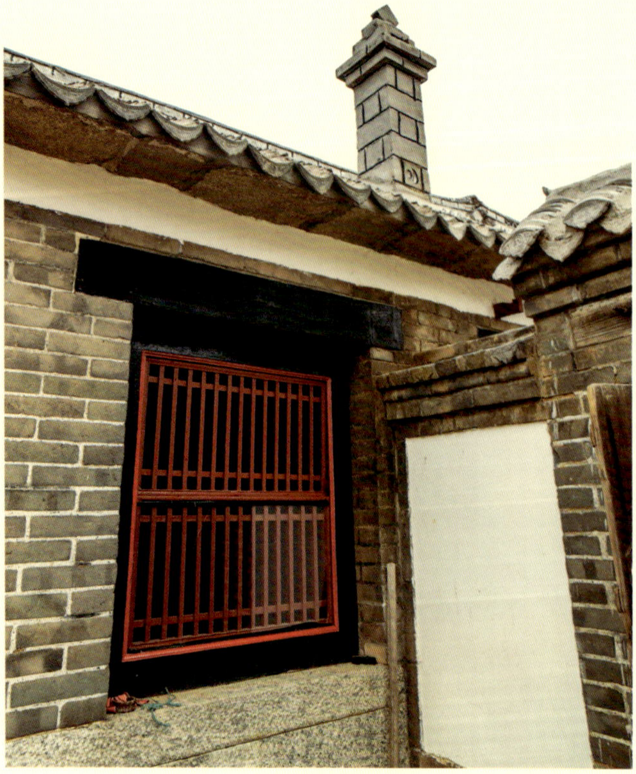

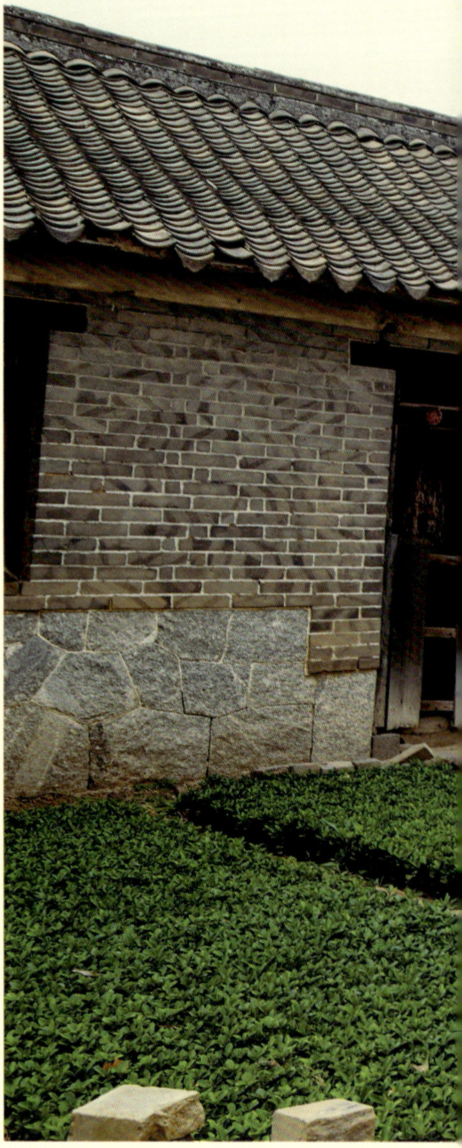

ZHAOYUANSHI
XINZHUANGZHEN DALAOWACUN

招远市辛庄镇孟格庄村
Zhaoyuanshi Xinzhuangzhen Menggezhuangcun

辛庄镇孟格庄村位于招远市政府驻地温泉街道西北20.5公里处，保存有京式风格与胶东风格完美组合的特色建筑，其建筑上的雕刻艺术为胶东半岛特有。元初孟氏在此建村，以姓氏取名孟格庄。后孟氏徙绝。明洪武年间，刘氏始祖刘锡迁此定居，村名沿用至今。

孟格庄

Zhaoyuanshi
Xinzhuangzhen
Menggezhuangcun

ZHAOYUANSHI
XINZHUANGZHEN MENGGEZHUANGCUN

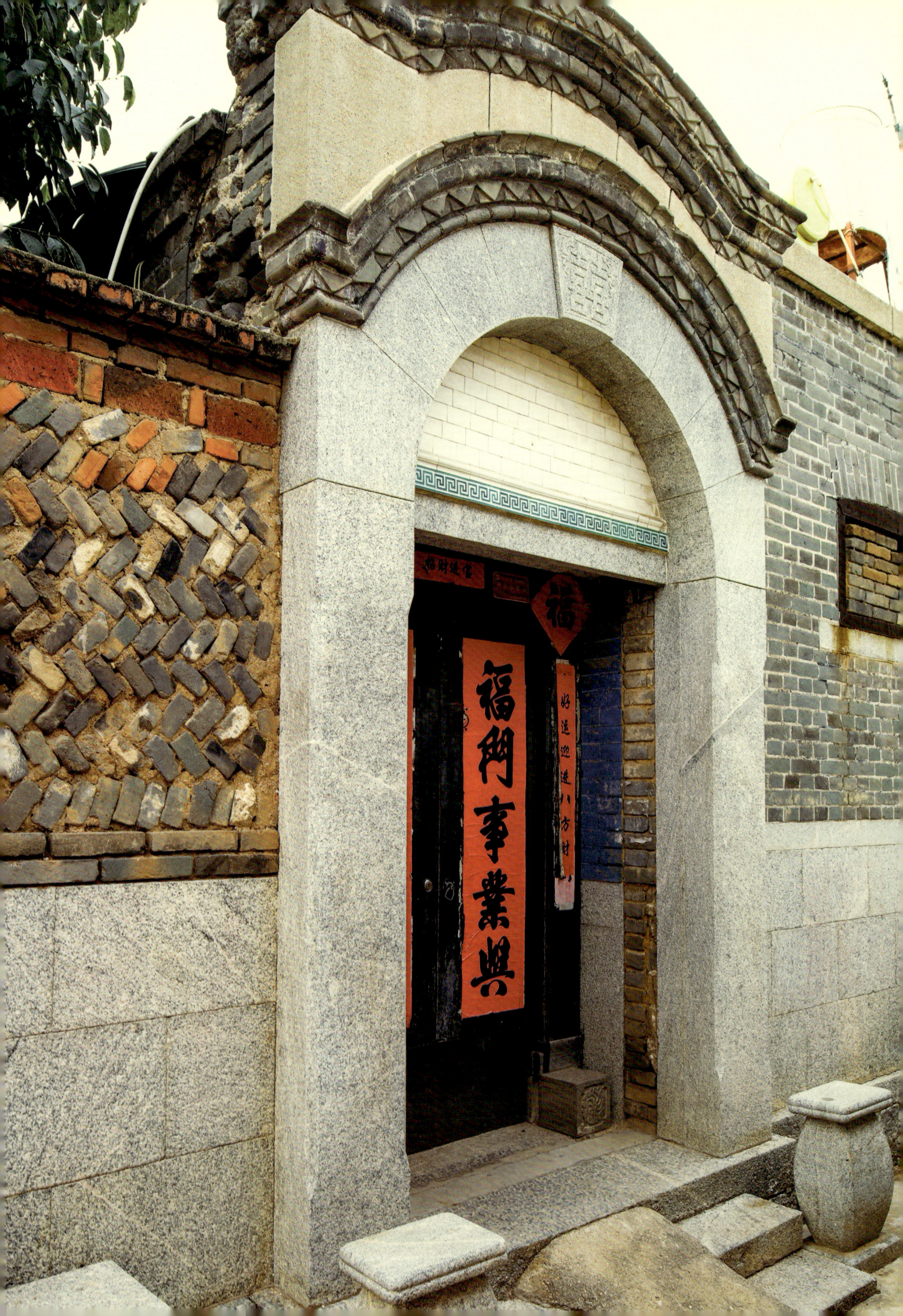
招财进宝
福
福門事業興
好运迎进八方财

孟格庄村现存的民国时兴建的房屋主要集中在村东部，整体面貌较好。现在还可以看到民国时留下的日式风格的照壁墙，以及形制特殊的砖瓦。

万事如意
福
福

走进孟格庄,街巷两侧青瓦屋顶鳞次栉比,墙体整齐,传统民居与村中松柏相映成趣。

招远市张星镇徐家村
Zhaoyuanshi Zhangxingzhen Xujiacun

张星镇徐家村地处招远北部山区,位于招远市政府驻地温泉街道东北15.5公里处,四面环山三面水,是著名的"龙口粉丝"品牌创立者徐登墉的故乡。村中街巷胡同布局严整,随山形地势起伏。这里既保留众多有浓郁山区民居风格的石头房,又有不少建造精美的四合院。村中还保存着150余套自清代早期至民国时期所建的传统民居院落。徐氏家庙、民国徐家小学旧址、徐家机器磨坊、徐登墉家族故居、著名画家徐千里故居等建筑散落点缀其间。

ZHAOYUANSHI
ZHANGXINGZHEN XUJIACUN

徐天华四合院是京式风格、东北风格与胶东风格的完美组合，精细的雕琢、精确的石块堆砌、精美的房檐构造……处处蕴含着丰富的传统建筑艺术之美。

ZHAOYUANSHI
ZHANGXINGZHEN XUJIACUN

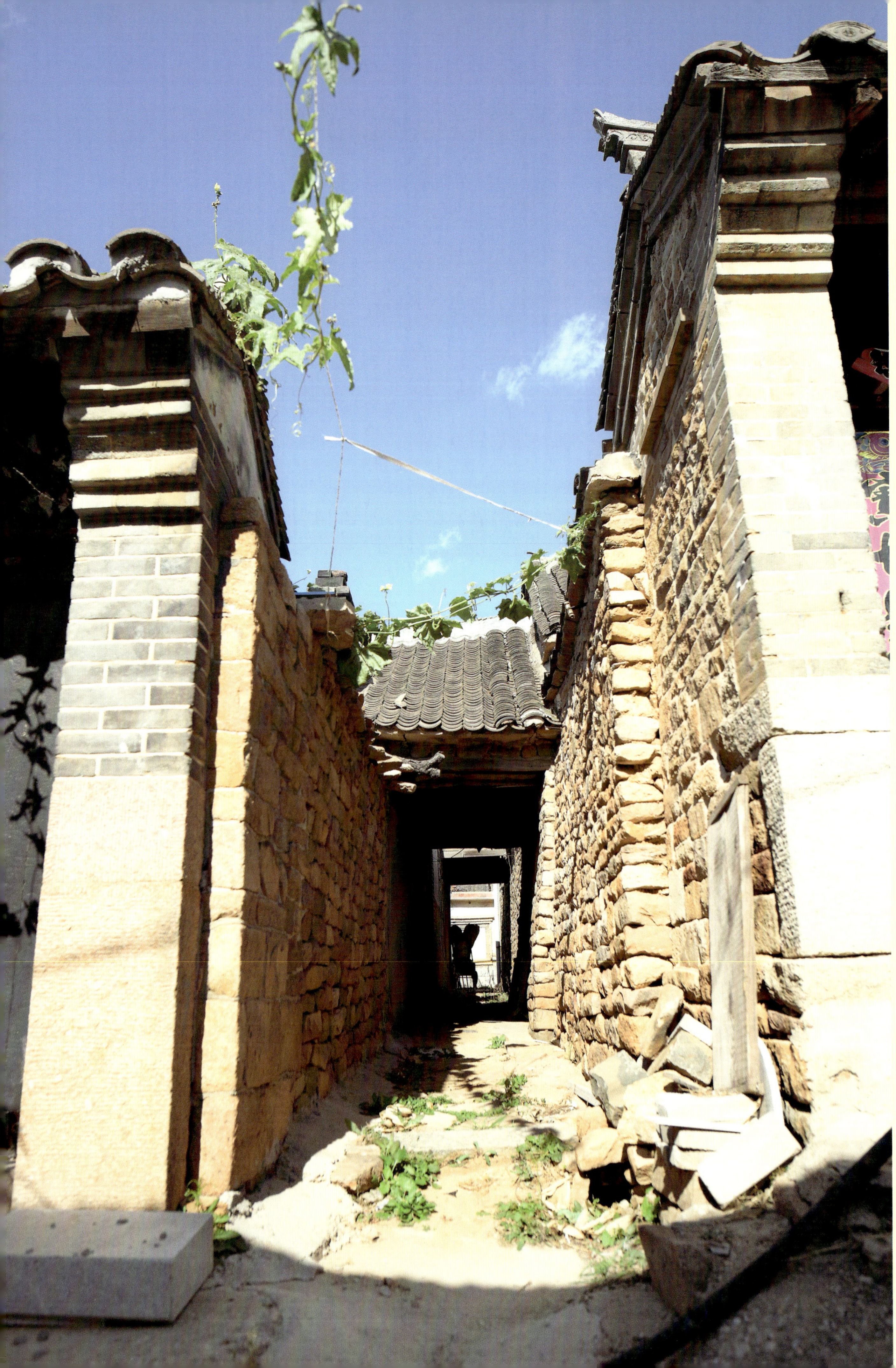

ZHAOYUANSHI
ZHANGXINGZHEN XUJIACUN

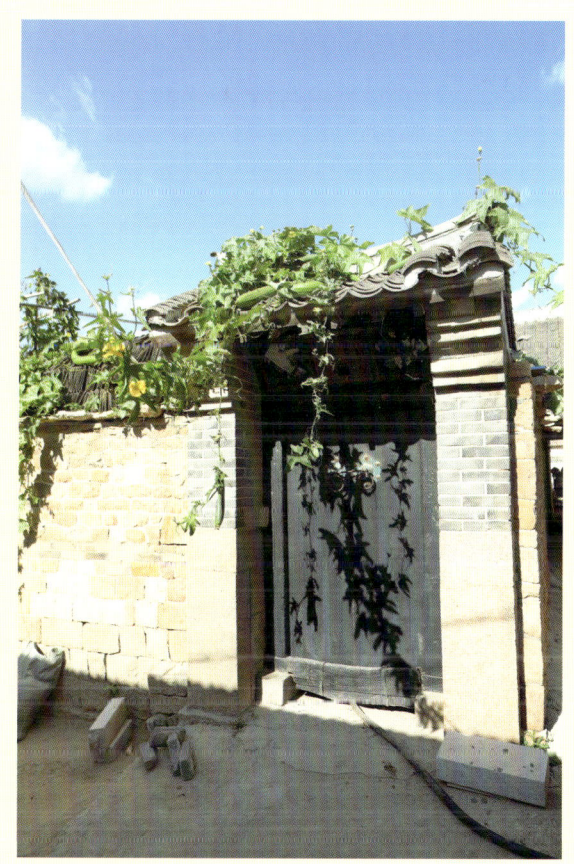

招远市辛庄镇徐家疃村
Zhaoyuanshi Xinzhuangzhen Xujiatuancun

辛庄镇徐家疃村位于招远市政府驻地温泉街道西北22公里处。据王氏族谱载，北宋开宝年间，高密王兴在今莱州一带经商，娶妻徐氏，得到一处陪嫁海滩，于是在此定居，取名"徐家滩"，后演变为今名。徐家疃村为胶东地区滨海古村落，保存有明清时期传统建筑，村中两条南北胡同中有保存完整的京式古民居，风格独特。

徐家疃

Zhaoyuanshi
Xinzhuangzhen
Xujiatuancun

ZHAOYUANSHI
XINZHUANGZHEN XUJIATUANCUN

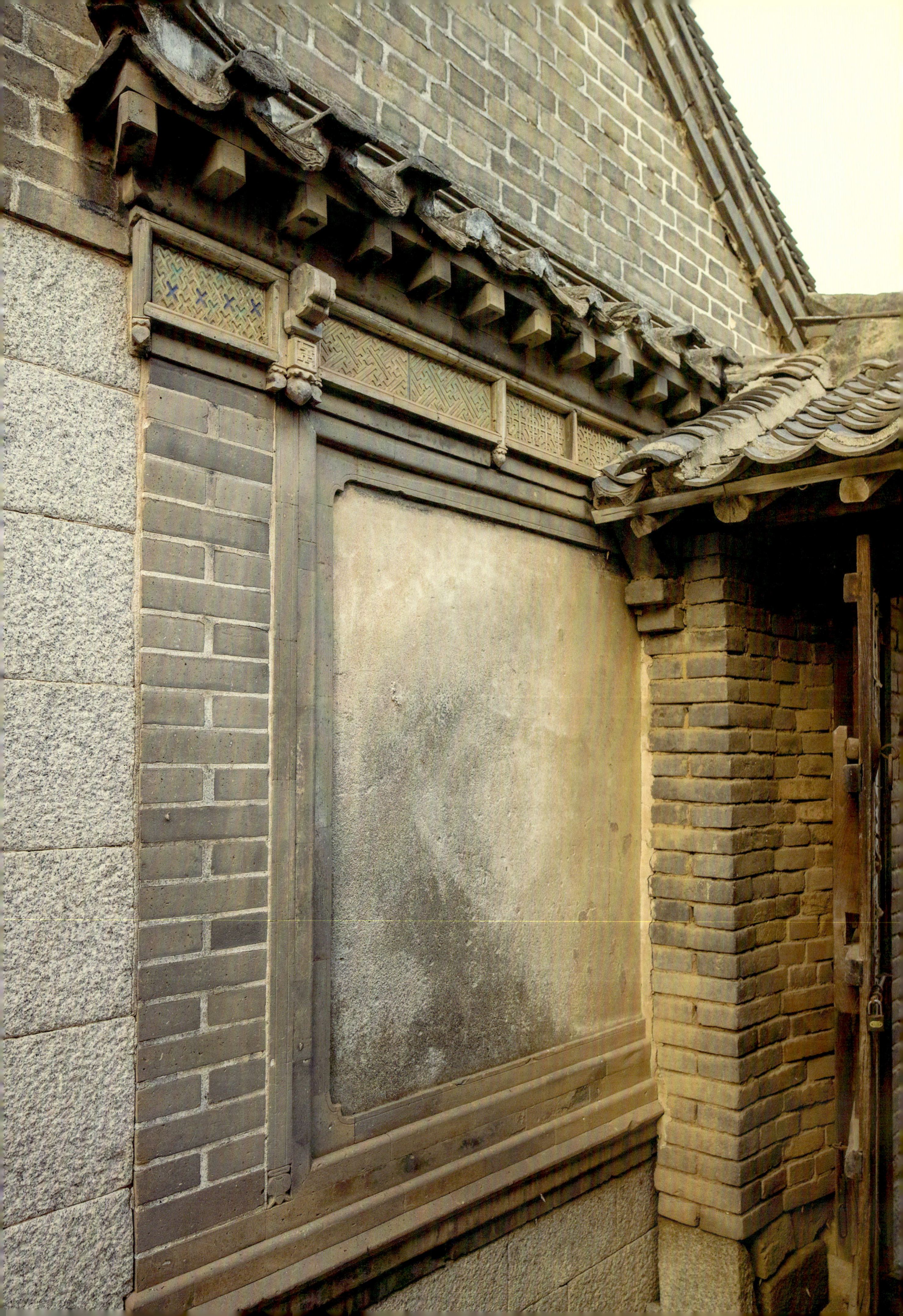

于登科故居是清代武进士故居，大门朝东，有正屋、南屋各五大间以及东、西两厢，是典型的胶东式四合院。门前有夹杆石，造型别致，古韵古风。院内有当年练武用的石锁，每个足有300斤，今尚存3个，石锁上分别刻有：扶上青云；联科及第；得心应手。

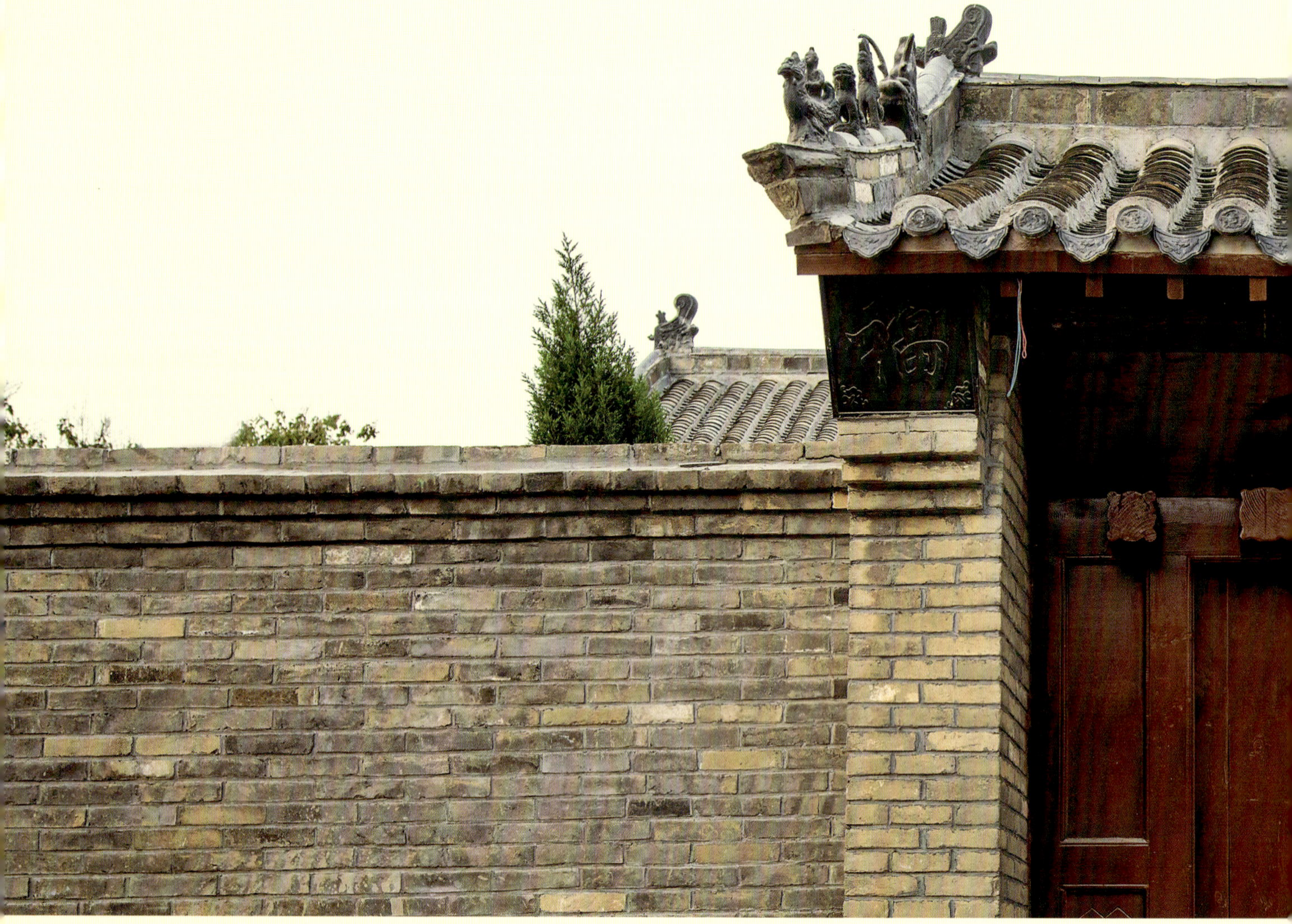

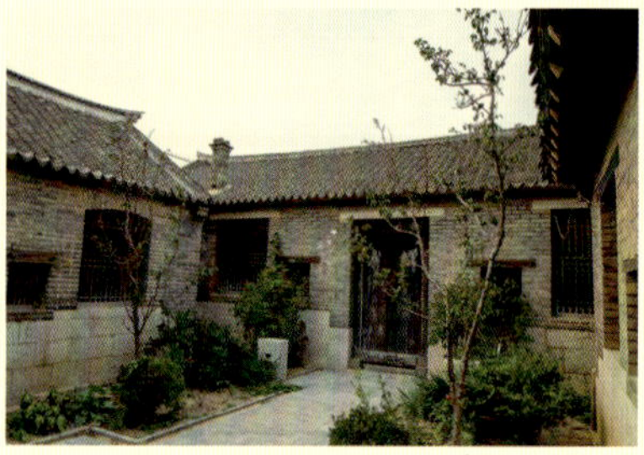

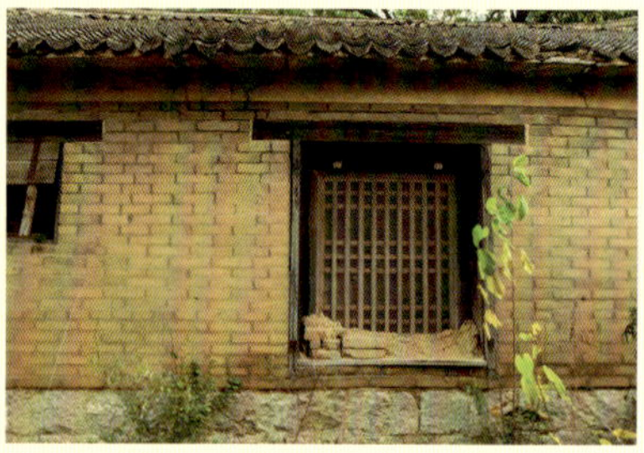

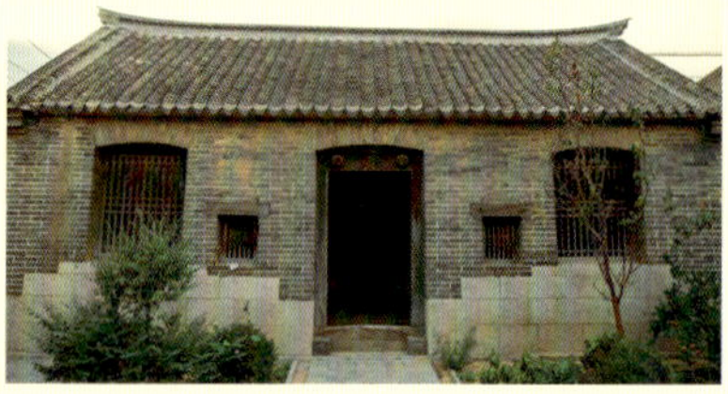

ZHAOYUANSHI
XINZHUANGZHEN XUJIATUANCUN

招远市张星镇北栾家河村
Zhaoyuanshi Zhangxingzhen Beiluanjiahecun

张星镇北栾家河村位于招远市政府驻地温泉街道以北15.5公里处。明朝成化年间建村，栾氏祖先从黄县（今龙口）迁到此地，因村地处河畔，故名"栾家河"。1984年，因其与当时的栾家河乡（今阜山镇）内的栾家河村重名，遂改名为"北栾家河"。

ZHAOYUANSHI
ZHANGXINGZHEN BEILUANJIAHECUN

代萬蔭禢

夕艀清月 農將雲霞
　　　　　補

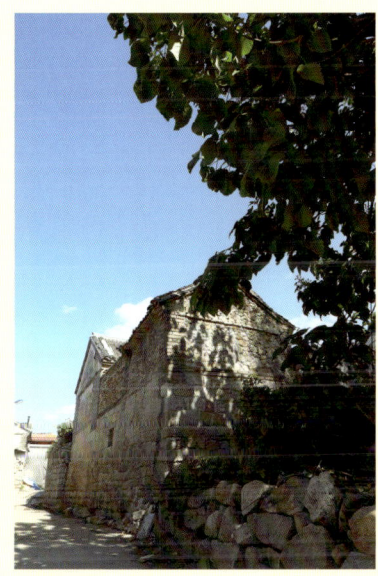

这些老宅子砌石接缝紧密，线条层次匀称美观，建筑水平极高。据传，当时砌墙工程验收时，房子主人是以铜钱能否塞入石头接缝为标准来衡量质量好坏的，铜钱如能塞进，则墙体质量不合格，需要返工。屋顶覆瓦验收时，则是用碌碡从屋顶上面滚下，以瓦不破碎为标准。

祠堂

追

住德流芳思本
祖功浩大想水源

200年前的祠堂，已按原样修复，同时在原址复建关帝庙。

招远市张星镇川里林家村

Zhaoyuanshi Zhangxingzhen Chuanlilinjiacun

张星镇川里林家村位于招远市政府驻地温泉街道东北16.5公里处。明万历年间,林姓迁此定居,因地处罗山北麓的山川河谷中,故该村以此为名。川里林家村为山区古村落,有由数条石板铺筑而成的老胡同和两棵600多年的古槐,也是六合螳螂拳的发源地。

ZHAOYUANSHI
ZHANGXINGZHEN CHUANLILINJIACUN

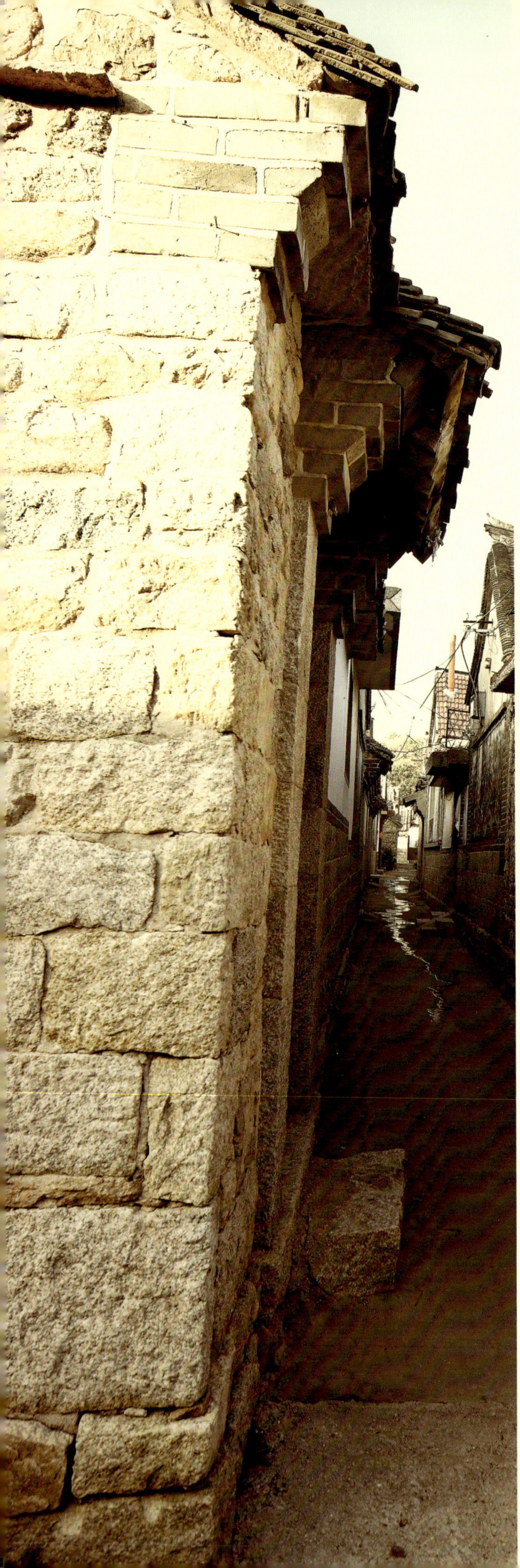

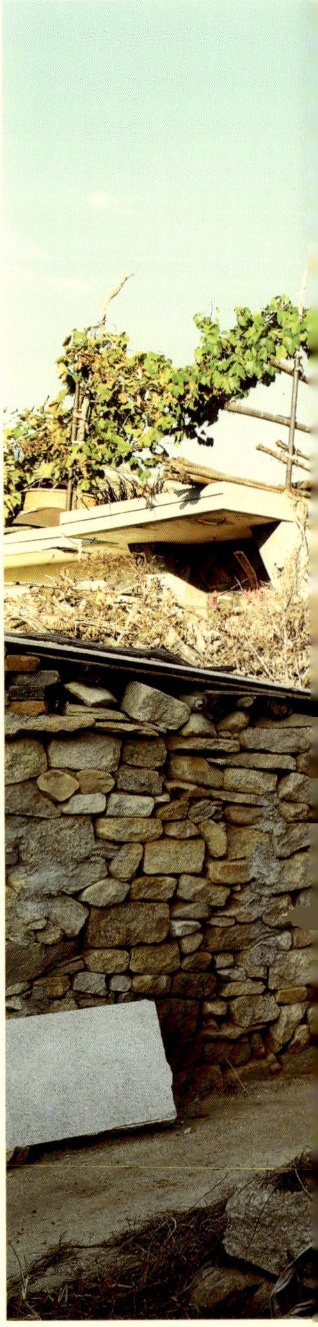

ZHAOYUANSHI
ZHANGXINGZHEN CHUANLILINJIACUN

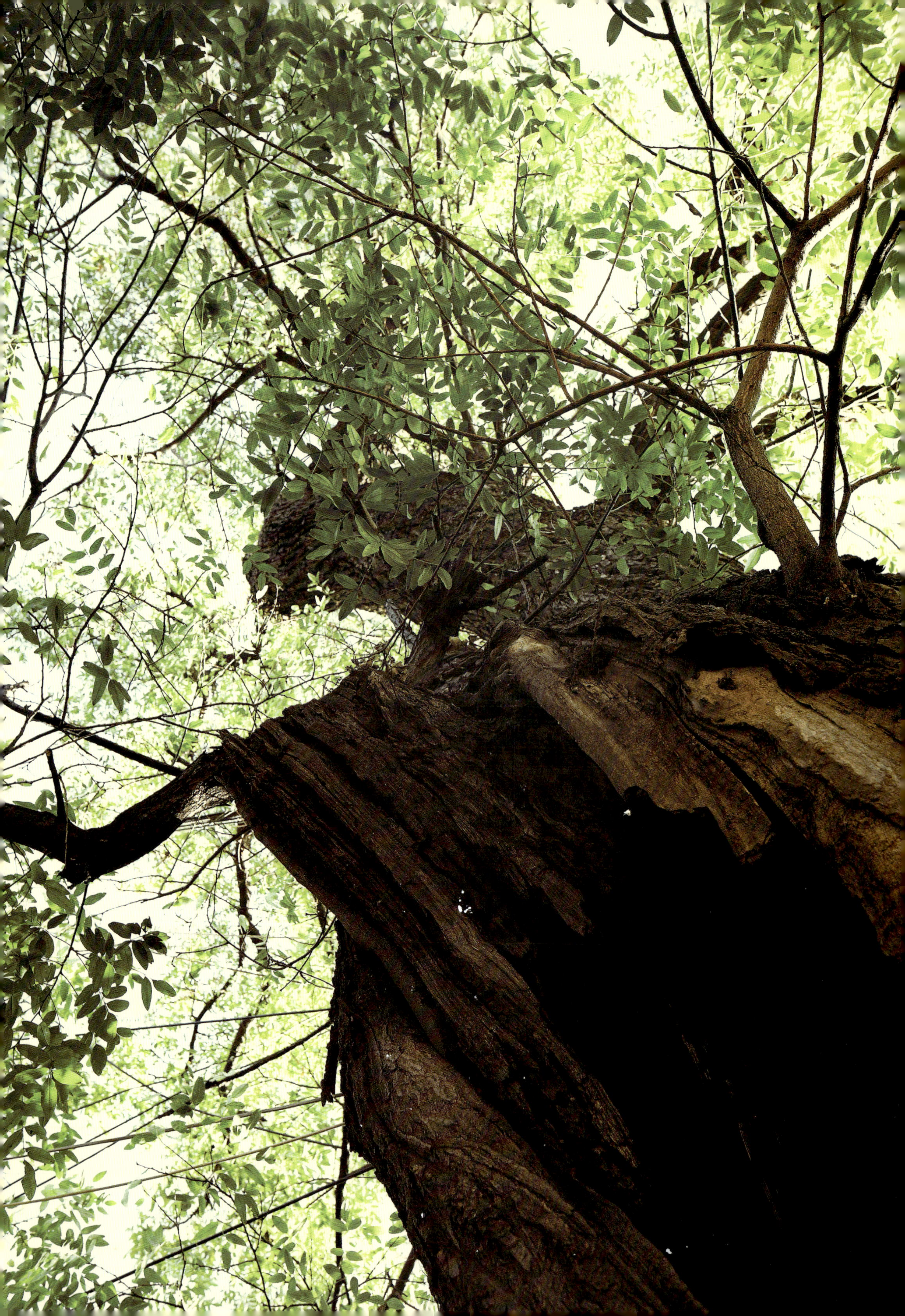

ZHAOYUANSHI
ZHANGXINGZHEN CHUANLILINJIACUN

招远市张星镇丛家村
Zhaoyuanshi Zhangxingzhen Congjiacun

张星镇丛家村位于招远市政府驻地温泉街道东北15公里处。明万历年间，丛朝礼自东莱郡丛家岘迁此定居，此地故名"丛家村"。该村盛产粉丝。村东有竹林寺。

ZHAOYUANSHI
ZHANGXINGZHEN CONGJIACUN

丛家村三面环山，坐北向南，有"左青龙（东面青龙背）、右白虎（西面五虎山）、前朱雀（南面灵山）、后玄武（北面大龙关、小龙关）"之说。金水河呈月牙状环村流过，使该村山环水抱、古朴清幽。

ZHAOYUANSHI
ZHANGXINGZHEN CONGJIACUN

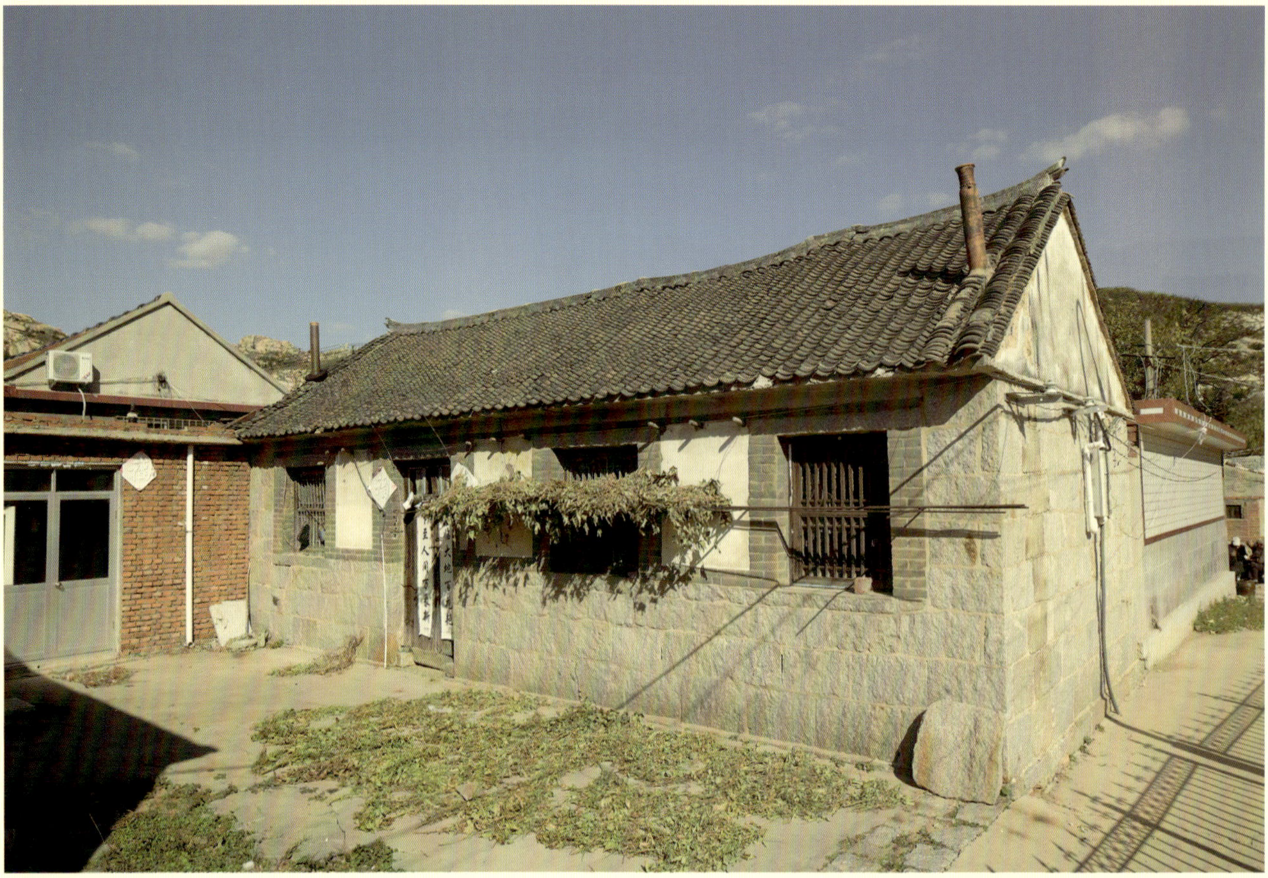

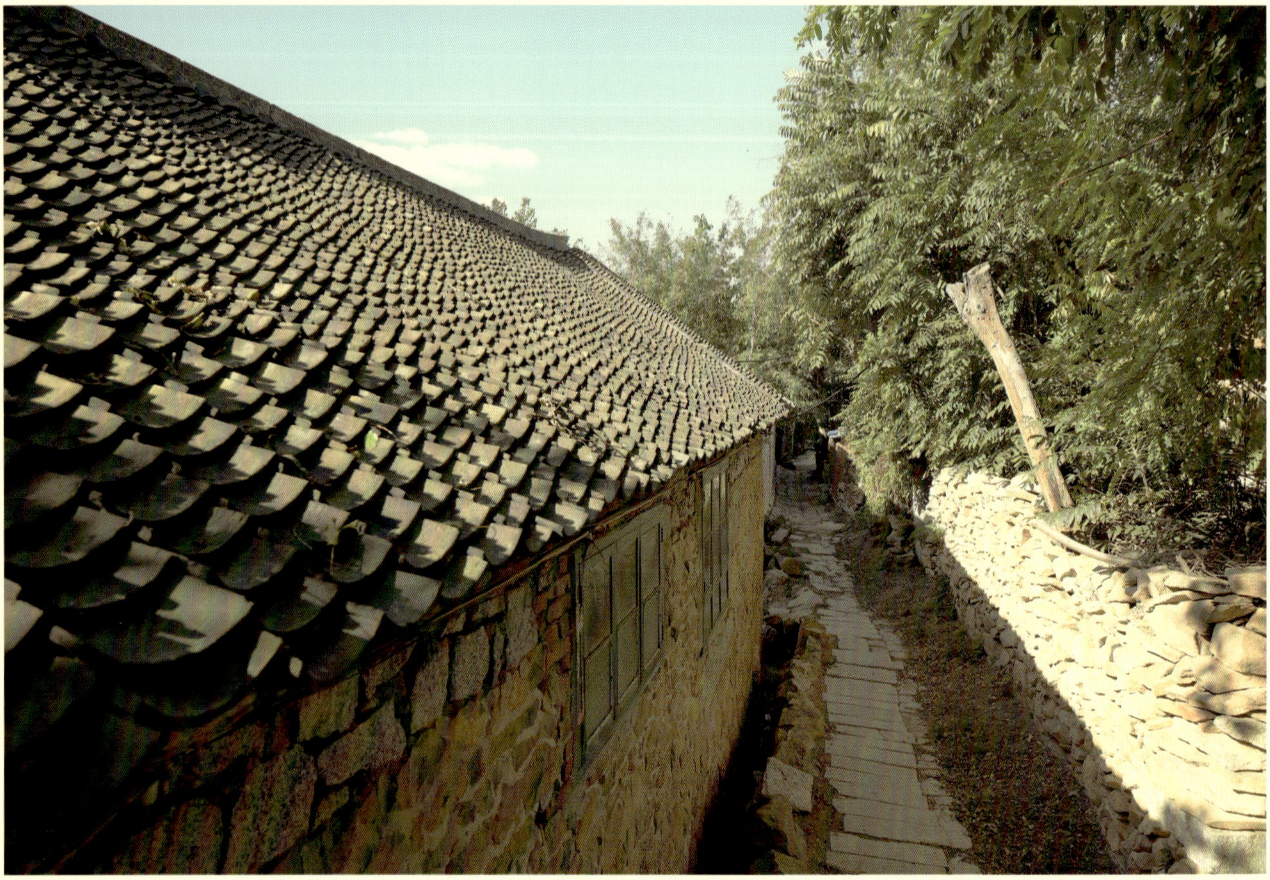

"大龙关，小龙关，婆婆鼻子尖尖山。大簸箕，无人扇，井山洞，无底边。人门框，二丈二，坐北朝南无人关。有烟囱，没有烟，悬崖陡峭无人攀……"这些顺口溜妇孺皆知，流传至今，丛家的山文化特色可从中窥一斑而知全豹。

ZHAOYUANSHI
ZHANGXINGZHEN CONGJIACUN

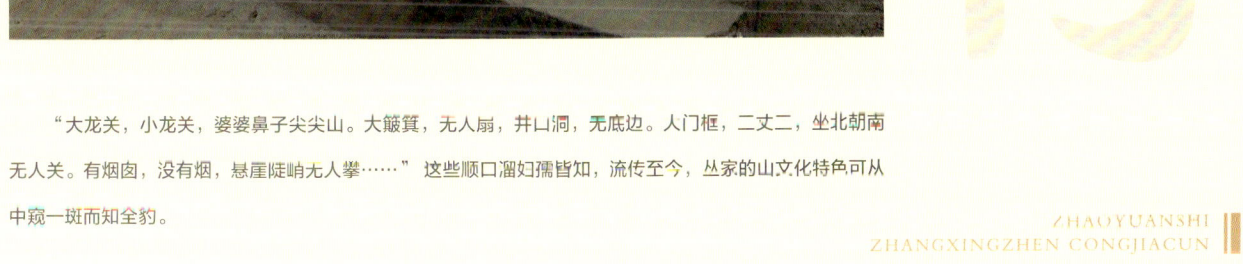

招远市张星镇界沟姜家村
Zhaoyuanshi Zhangxingzhen Jiegoujiangjiacun

界沟姜家村位于招远市政府驻地温泉街道东北17.5公里处。明洪武年间，姜姓由四川大柳树村徙居招远黄山乡徐家北河，后移居井眼店西北。因村中的"东北沟"是招远、黄县两县分界线，故名界沟姜家村。村中保存有清朝时期建筑。

ZHAOYUANSHI
ZHANGXINGZHEN JIEGOUJIANGJIACUN

界沟姜家村

ZHAOYUANSHI
ZHANGXINGZHEN JIEGOUJIANGJIACUN

界沟姜家村内的传统古建筑分成三片，建筑精良，街巷基本保持原貌，再加上古树成林，更显得古意盎然。四合院大多为砖石结构，房基相对较高。

界沟姜家村

ZHAOYUANSHI
ZHANGXINGZHEN JIEGOUJIANGJIACUN

招远市张星镇口后王家村
Zhaoyuanshi Zhangxingzhen Kouhouwangjiacun

口后王家村位于招远市政府驻地温泉街道东北14.5公里处。清顺治年间，王姓由本县地北头的王家村迁此定居，取名"王家庄"，后因村庄位于垛石口后，遂更今名。该村以石为主的旧街巷和民居保存完好。

ZHAOYUANSHI
ZHANGXINGZHEN KOUHOUWANGJIACUN

百 年 古 柏

ZHAOYUANSHI
ZHANGXINGZHEN KOUHOUWANGJIACUN

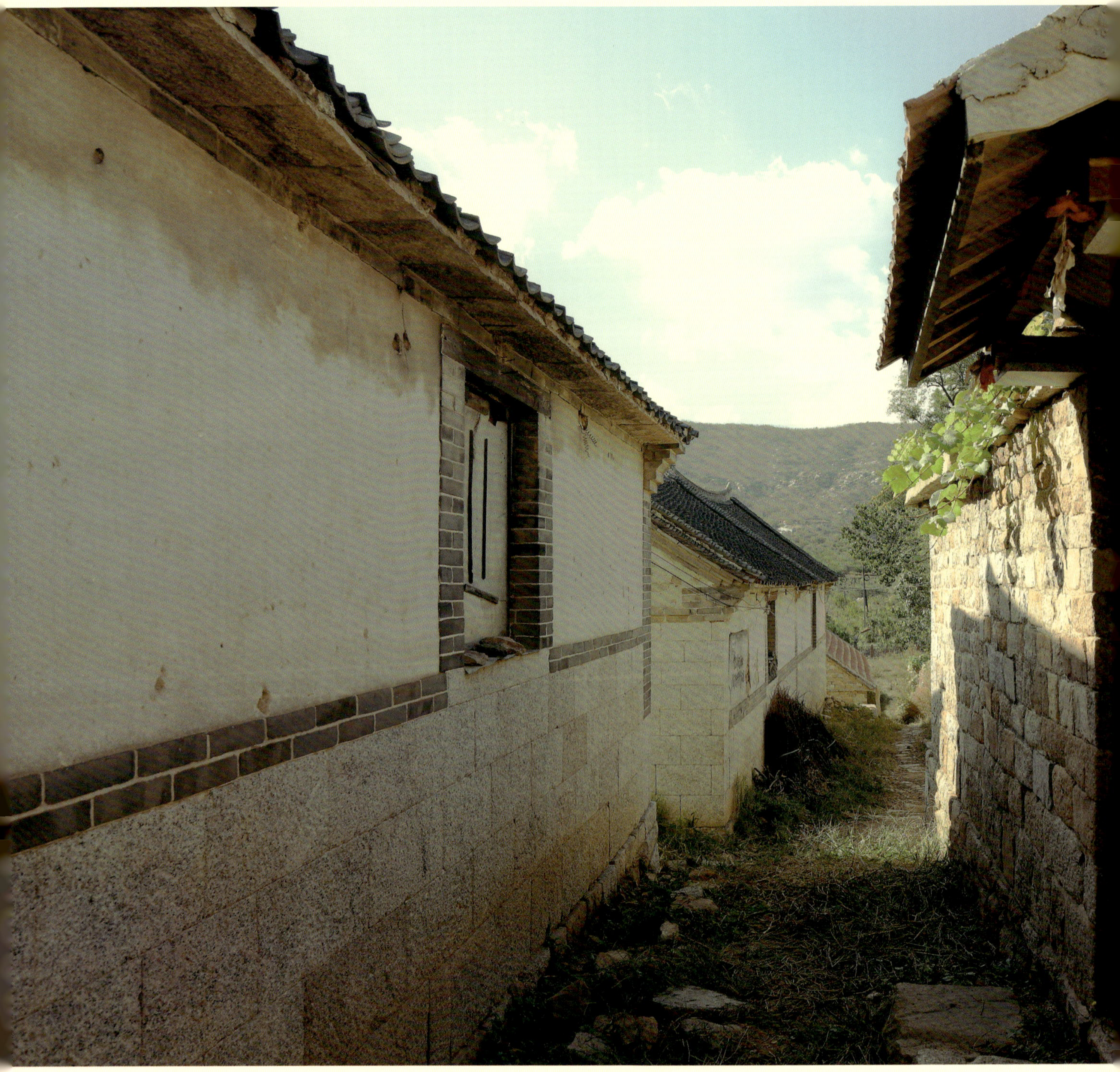

土义元和王文辛故居

ZHAOYUANSHI
ZHANGXINGZHEN KOUHOUWANGJIACUN

招远市张星镇奶子场村
Zhaoyuanshi Zhangxingzhen Naizichangcun

　　张星镇奶子场村位于招远市政府驻地温泉街道东北16公里处，梭子顶山西麓，南有正立口山，西有西顶山，北有北围子山，四面环山。明万历年间，林姓由屺姆岛迁此定居，传说神仙周祖诞生于此，曾被老虎哺育，故此村取名"奶子场"（奶为动词）。

ZHAOYUANSHI
ZHANGXINGZHEN NAIZICHANGCUN

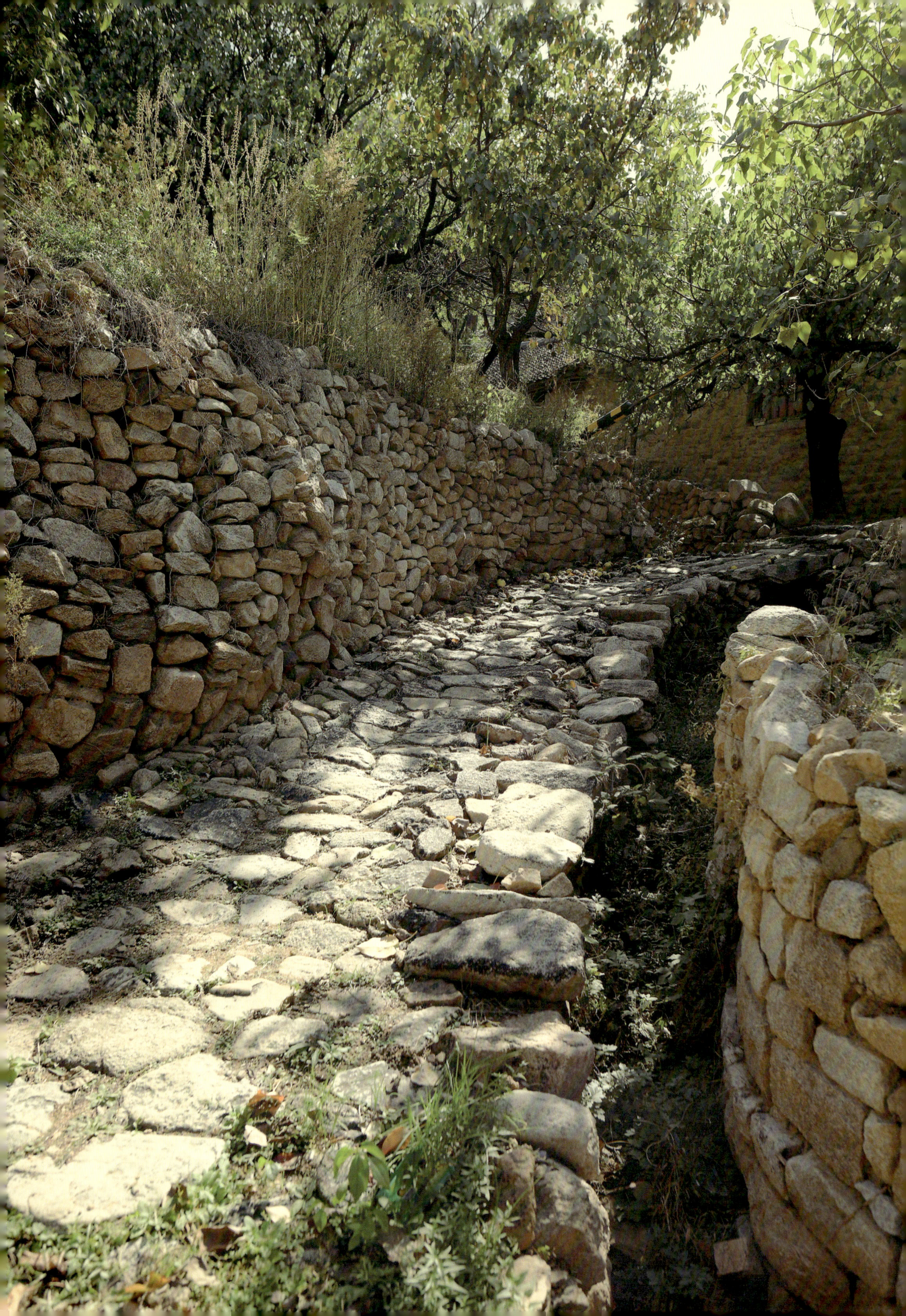

奶子场村

ZHAOYUANSHI
ZHANGXINGZHEN NAIZICHANGCUN

村落保存完好的明清民居有70栋，材质精良，成片成方，错落有致。

村里保留了大量京式与本地风格相结合的三合院、四合院式民居，既有胶东地区少有的精雕细刻的"三雕"，又有带着京味痕迹的门楼装饰等。民居建筑大多为砖石结构，砖为青砖，石头多为方块石。石头之间结合严密，几乎塞不进一根麻线。房子外墙多嵌有揽马桩，用来拴马和骡子等。村中有林氏祠堂，现保留完整。

奶子场村是胶东地区颇具山区特色的将京式、东北风和胶东风完美结合的古村落之一。

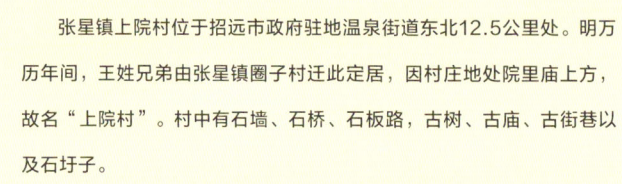

招远市张星镇上院村
Zhaoyuanshi Zhangxingzhen Shangyuancun

张星镇上院村位于招远市政府驻地温泉街道东北12.5公里处。明万历年间，王姓兄弟由张星镇圈子村迁此定居，因村庄地处院里庙上方，故名"上院村"。村中有石墙、石桥、石板路，古树、古庙、古街巷以及石圩子。

ZHAOYUANSHI
ZHANGXINGZHEN SHANGYUANCUN

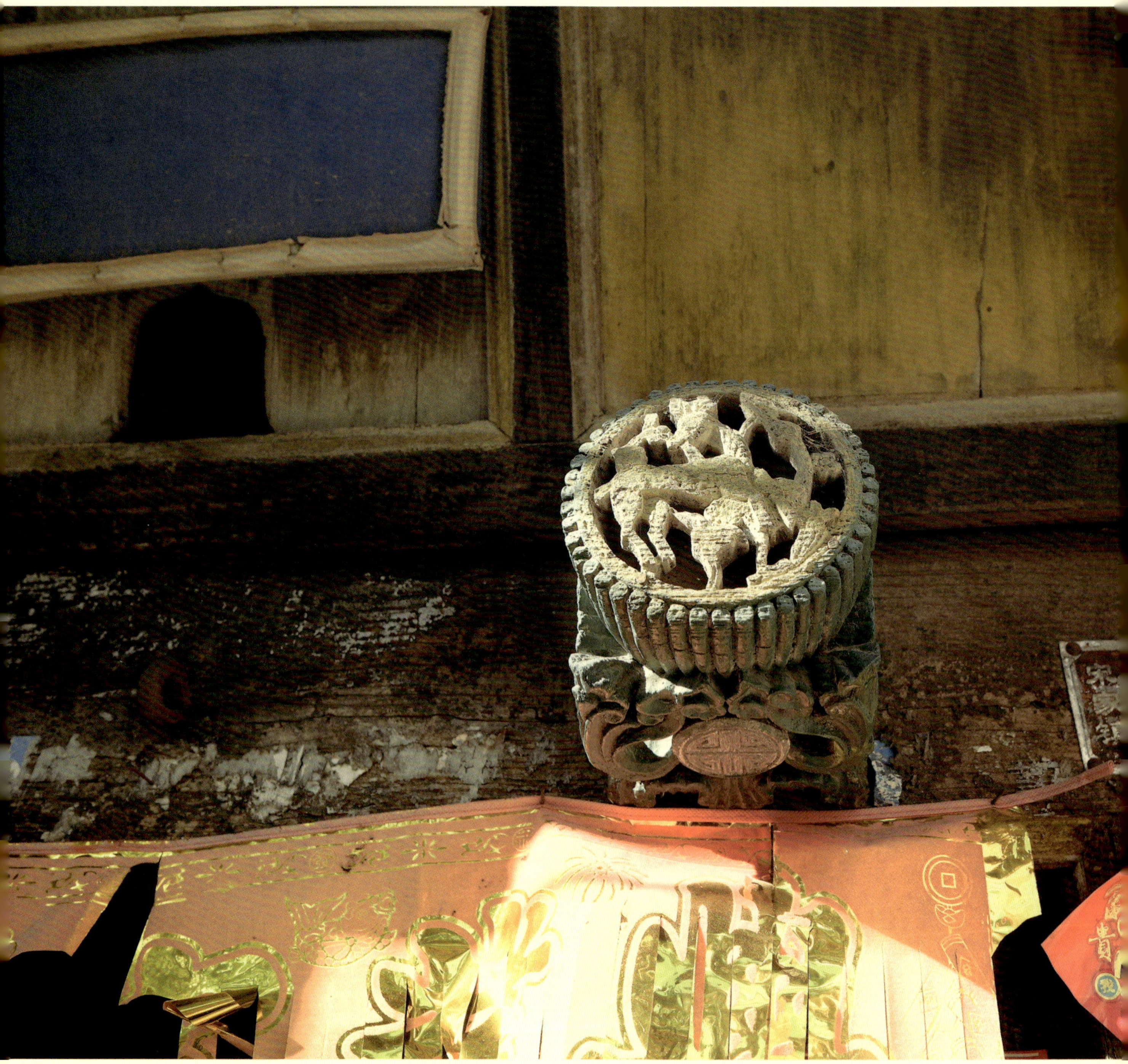

上院村

ZHAOYUANSHI
ZHANGXINGZHEN SHANGYUANCUN

上院村

ZHAOYUANSHI
ZHANGXINGZHEN SHANGYUANCUN

村落有保存完好的明清民居82栋，材质精美，布局合理。

上院村的地势东高西低，村落建筑主体部分呈矩形，3条主街道贯穿东西，胡同多为南北走向，共计12条。街道用花岗岩石块铺成，房屋框架结构以四合院、三合院居多，其中京式四合院占传统建筑的40%以上。

ZHAOYUANSHI
ZHANGXINGZHEN SHANGYUANCUN

招远市张星镇石棚村
Zhaoyuanshi Zhangxingzhen Shipengcun

张星镇石棚村位于招远市政府驻地温泉街道东北18公里处。该村地势东、南、西高，北面低，东临瓮顶，南靠虚空山，西南有双目顶，属山区丘陵地带，整个地形如同一个大袋子，袋口在北。明永乐年间，史姓家族由山西省迁此定居，因村南有一石棚，故名"石棚村"。石棚村为山区古村落，有无梁殿和古戏楼等古建筑。

ZHAOYUANSHI
ZHANGXINGZHEN SHIPENGCUN

村落整体风貌保存基本完好，现存传统建筑主体为清朝中晚期以来的民居院落，其中大部分院落为单进的三合院、四合院。东、西主街依古河道之势而成，古河道上一座座石桥把南北街巷连成一体。

ZHAOYUANSHI
ZHANGXINGZHEN SHIPENGCUN

村落布局和建筑所蕴含的历史文化内涵十分丰富,是胶东地区山区集镇村落、庙会历史村落和家族村落合三为一的典范。

ZHAOYUANSHI
ZHANGXINGZHEN SHIPENGCUN

潍坊市寒亭区寒亭街道西杨家埠村
Weifangshi Hantingqu Hantingjiedao Xiyangjiabucun

西杨家埠村位于寒亭区政府驻地寒亭街道东南2公里处。明洪武年间，杨氏始祖由四川梓潼县迁至潍县下边村，明隆庆二年（1568）为避水患，又迁到下边村以西的高埠下立村，以姓氏将村庄命名为"西杨家埠村"。该村为世界闻名的国家非物质文化遗产杨家埠木版年画产地和潍坊风筝发祥地，村内建有杨家埠民间艺术点及大观园等旅游景点。

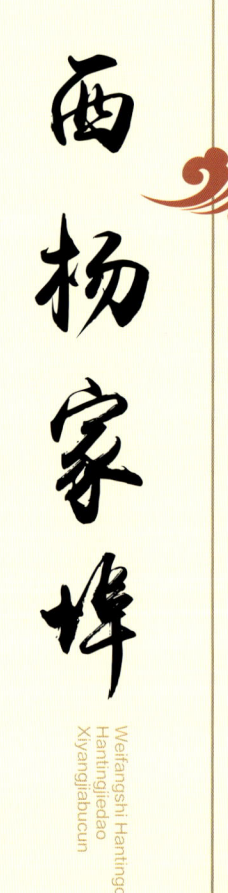

WEIFANGSHI HANTINGQU
HANTINGJIEDAO XIYANGJIABUCUN

南门

WEIFANGSHI HANTINGQU
HANTINGJIEDAO XIYANGJIABUCUN

该村既是木版年画的发源地之一，也是潍坊风筝的主要产地。

WEIFANGSHI HANTINGQU
HANTINGJIEDAO XIYANGJIABUCUN

162/163

邹城市城前镇越峰村
Zouchengshi Chengqianzhen Yuefengcun

城前镇越峰村位于邹城市政府驻地千泉街道东南42公里处，由前越峰村、中越峰村、后越峰村三个自然村组成。清朝中期，洼陡村徐姓家族迁入此地，逐渐形成村落。该村南邻枣庄市山亭区和滕州市，东接临沂市平邑县，在地理位置上"一脚踏三市"。区内群山连绵，沟壑纵横，梯田层层，生物资源丰富。越峰村现有用石头垒砌而成的民居60余家，保持着古色古香的风貌，具有特别的历史价值。

ZOUCHENGSHI
CHENGQIANZHEN YUEFENGCUN

越峰村

ZOUCHENGSHI
CHENGQIANZHEN YUEFENGCUN

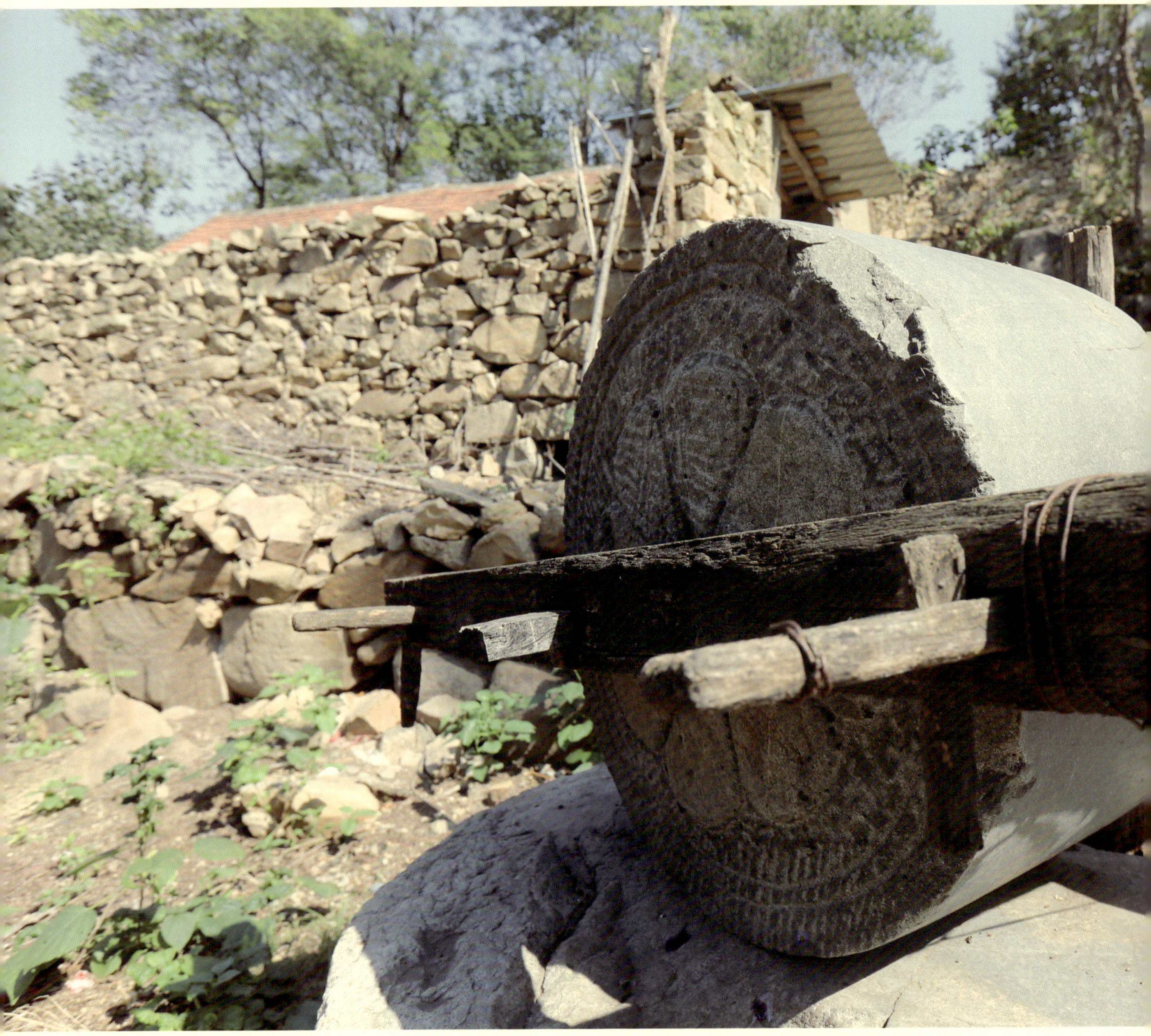

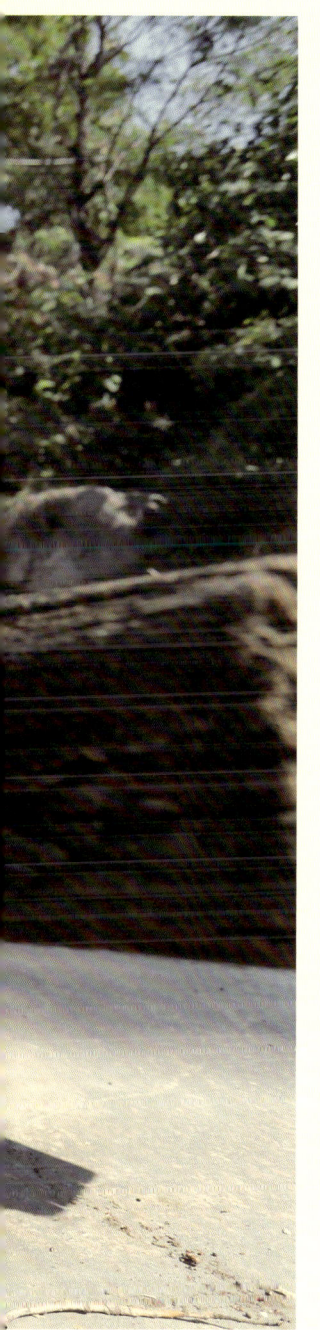

ZOUCHENGSHI
CHENGQIANZHEN YUEFENGCUN

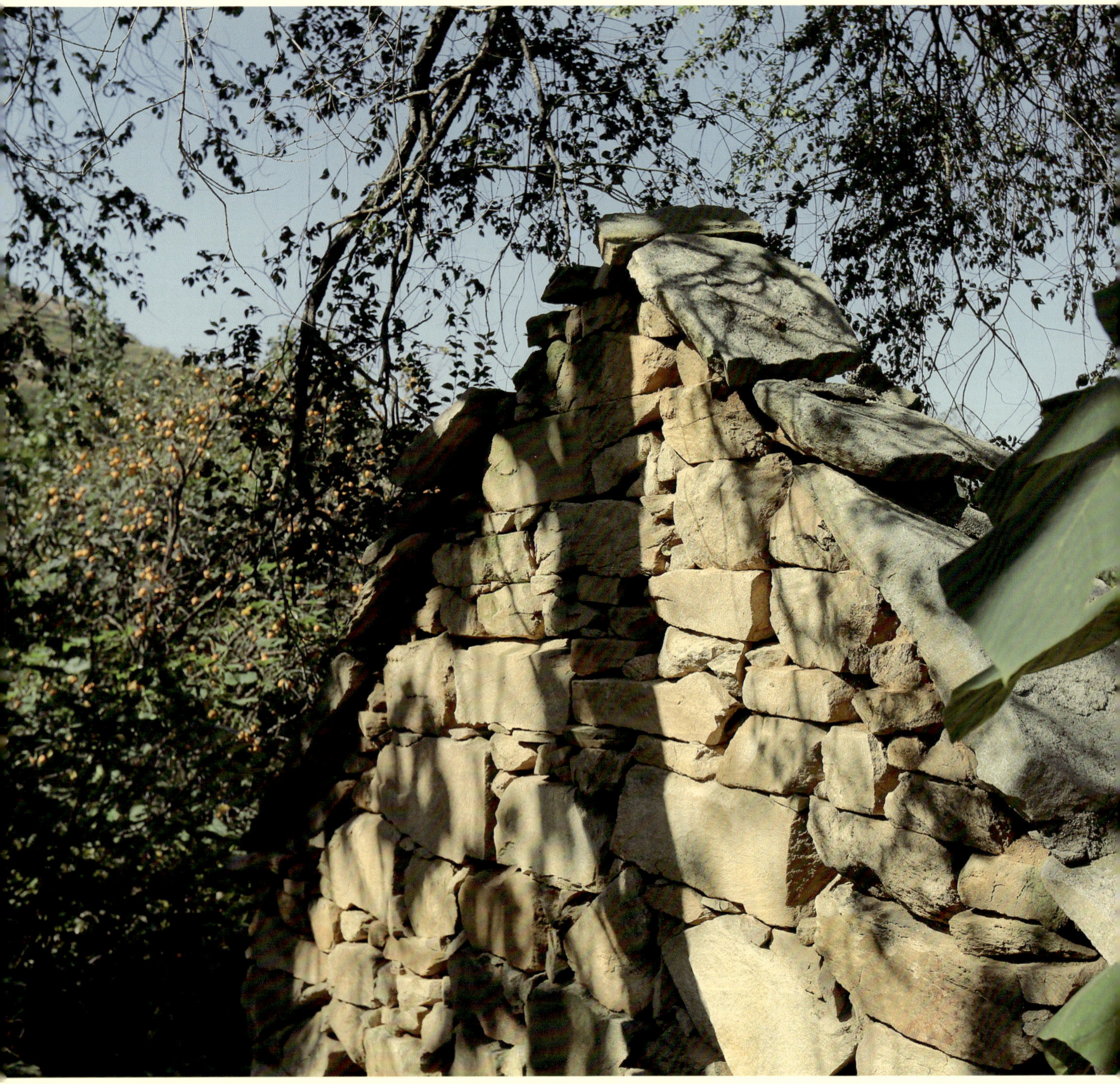

越峰村

ZOUCHENGSHI
CHENGQIANZHEN YUEFENGCUN

邹城市石墙镇上九山村
Zouchengshi Shiqiangzhen Shangjiushancun

石墙镇上九山村位于邹城市政府驻地千泉街道西南19公里处。该村始建于北宋初年,因南山有一古松,苍劲挺拔,村民遂将此地取名为"古松村",元初改村名为"段山庄",元末毁于战火。明洪武年间,郑、聂、满三姓家族由山西迁来定居,因村周围有大小九个山头,故取名为"上九山村"。全村街道、房屋、院墙等都由石头建造而成,被称为"石头砌就的古村"。上九山建筑群为省级重点文物保护单位。

ZOUCHENGSHI
SHIQIANGZHEN SHANGJIUSHANCUN

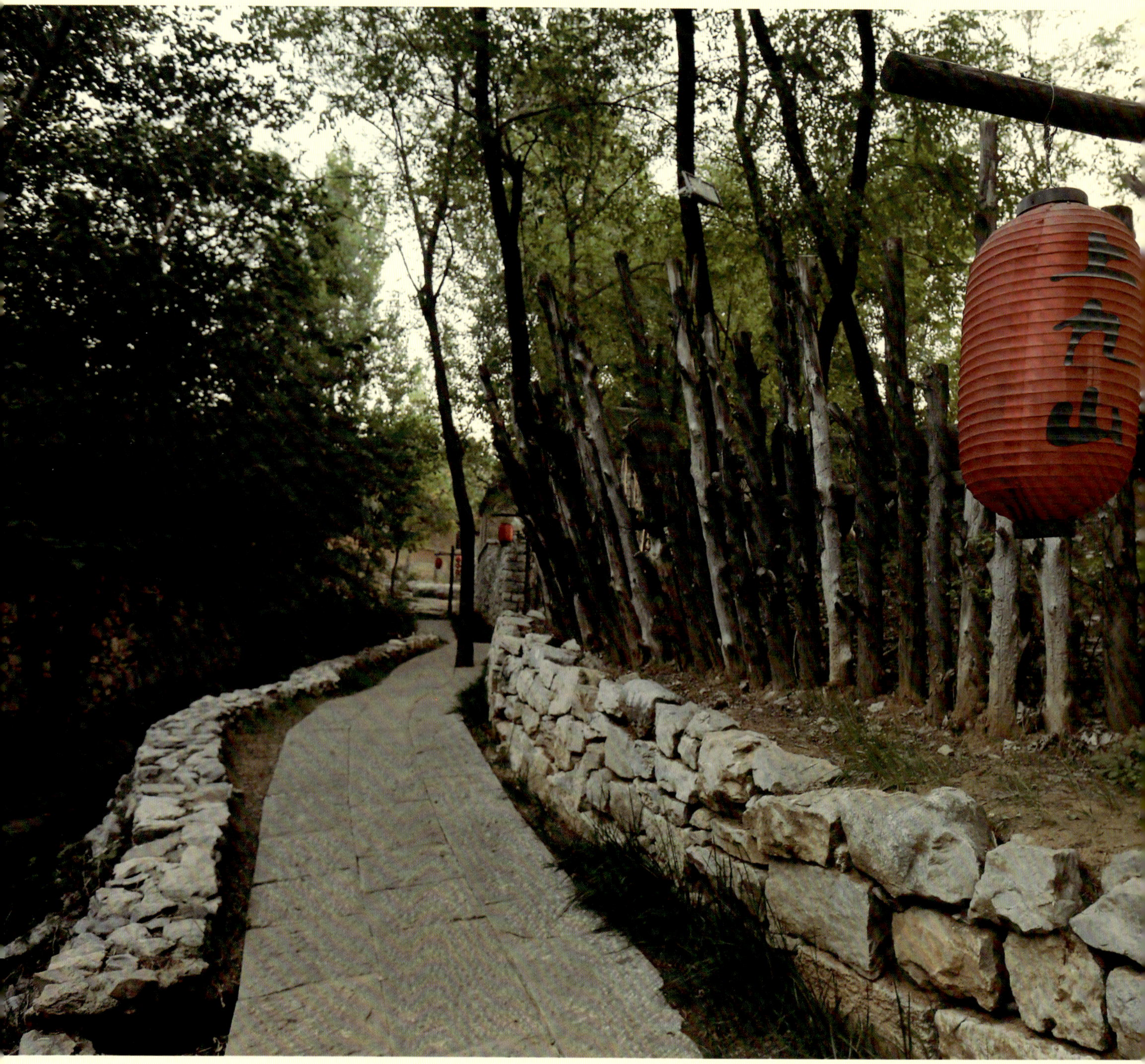

上九山村

ZOUCHENGSHI
SHIQIANGZHEN SHANGJIUSHANCUN

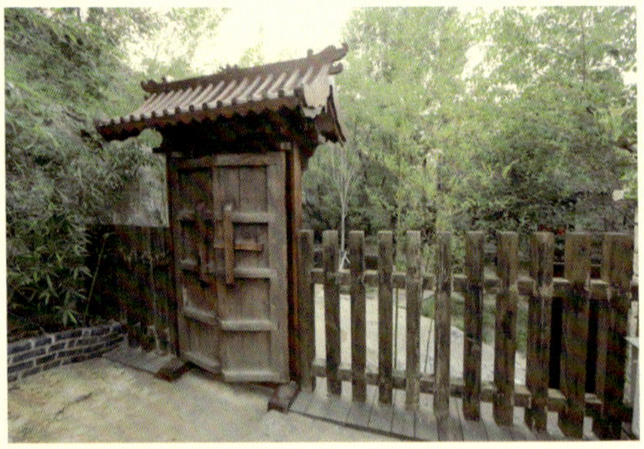

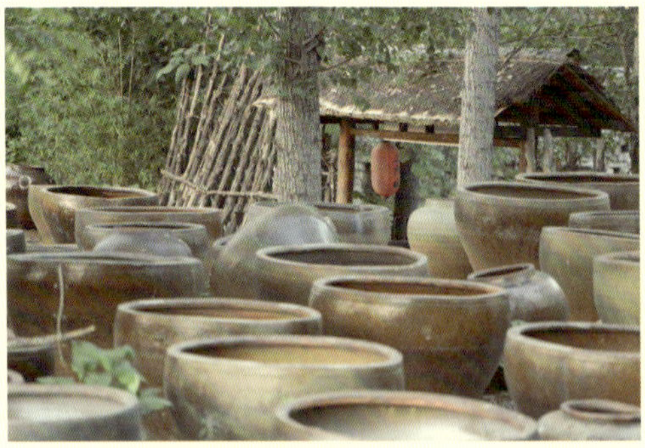

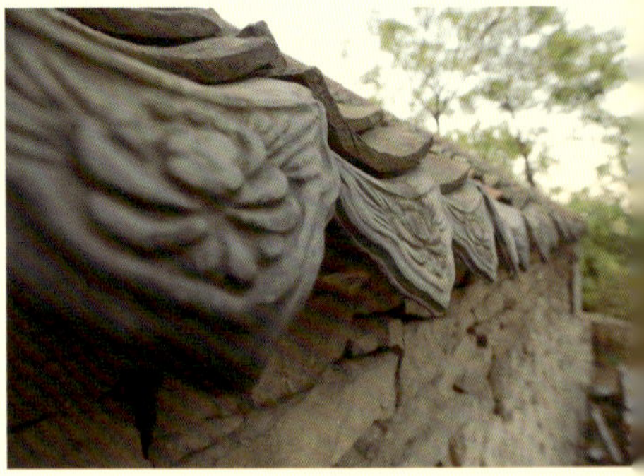

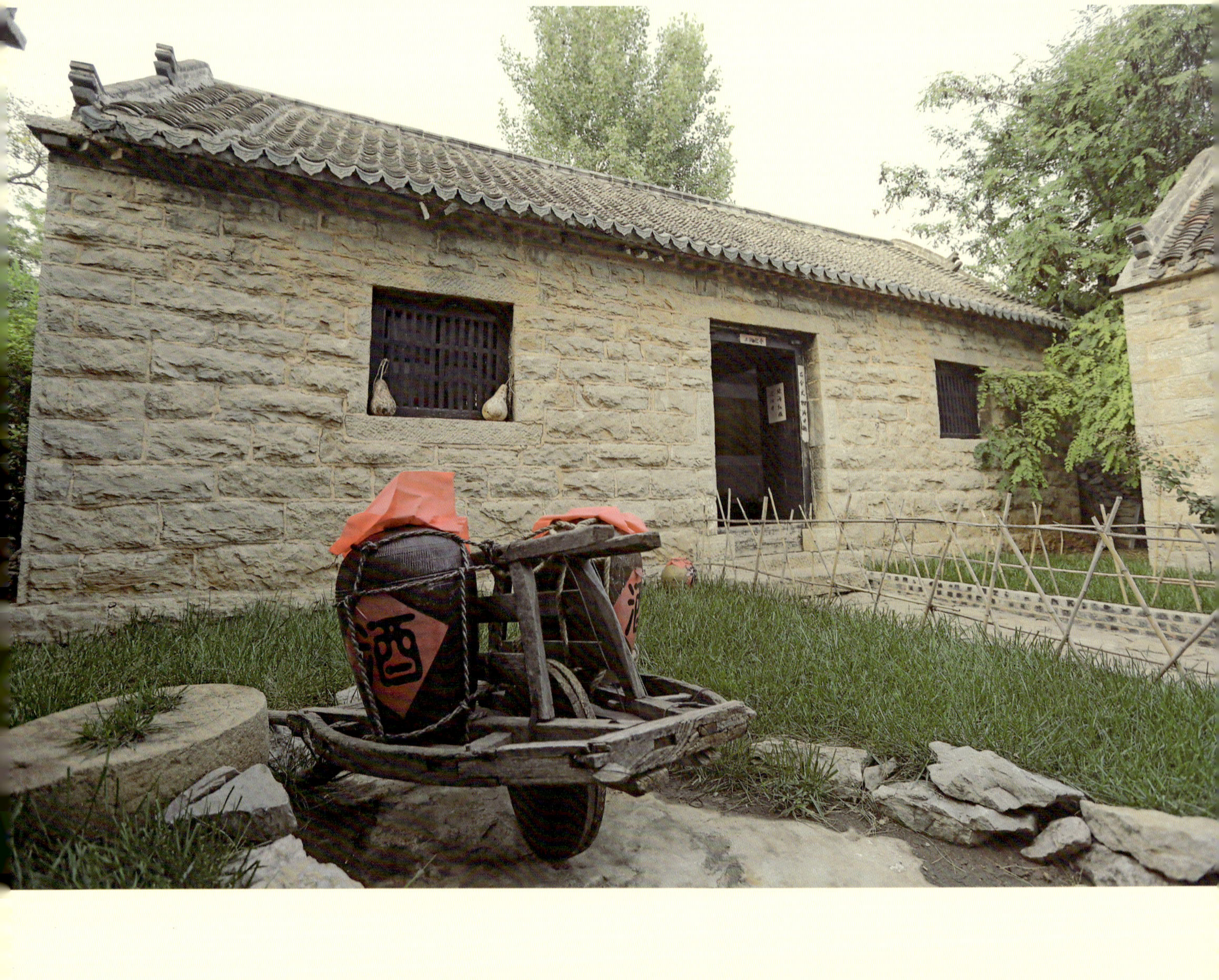
酒

明中期建有玄帝庙、关公庙、华佗庙、牛王庙、土地庙，碑5通，多毁于"文革"，现仅剩玄帝庙。

明时村民曾打一吃水井，1937年独山湖干涸，井内却仍然有水，人们因此重修水井并刻碑铭记，其后又打八角井一口，保证了村民的生活用水。

ZOUCHENGSHI
SHIQIANGZHEN SHANGJIUSHANCUN

上九山村

ZOUCHENGSHI
SHIQIANGZHEN SHANGJIUSHANCUN

泰安市岱岳区大汶口镇山西街村
Taianshi Daiyuequ Dawenkouzhen Shanxijiecun

山西街村

Taianshi Daiyuequ Dawenkouzhen Shanxijiecun

大汶口镇山西街村位于泰安市岱岳区政府驻地粥店街道南31公里处，因民国初年晋商曾在此经商而得名。该村有市级非物质文化遗产——河灯节；名胜古迹有大汶口文化遗址、山西会馆、明石桥等。

山西街村的历史要追溯到500年前，历史上的山西街村是当时南来北往的交通要道，明朝隆庆年间修建石桥后，此处水陆结合所造就的码头更使人流聚集。自乾隆二十四年（1759）山西商人在此修建山西会馆后，山西街村逐渐发展成为集观光、民俗、文化、商业、购物于一体的区域。

TAIANSHI DAIYUEQU
DAWENKOUZHEN SHANXIJIECUN

古石桥

山西街村

山西街村西南门外的大汶河上，有一座兴建于明代的古石桥。据当地县志等史料的记载，这座全长570.95米、有65个桥孔的石桥，最初兴建于明朝隆庆年间，同时这座桥也是当时自新泰、莱芜至东平整个河段上唯一的一座连通大汶河南北两岸的桥。这座桥的出现，使得大汶口镇在当时成为整个泰城地区（即现在的泰安市泰山区、岱岳区的总称）最为繁华的水陆码头。

TAIANSHI DAIYUEQU
DAWENKOUZHEN SHANXIJIECUN

山西街村

经历数百年，很多古建筑至今仍然保留原样。山西街村古建筑群集中，古街道历史印记浓厚，很好地见证了数百年前的商业繁荣。

明朝至清朝中期是山西街村的大发展阶段,清末民初达到鼎盛时期。随着商业兴盛,来经商的山西人越来越多。据碑文记载,乾隆二十四年(1750)所建的山西会馆,是用来招待客商的驿站。之后,其附近的工商业户越来越多,逐渐形成两条南北大街,定名为"山西街"。

TAIANSHI DAIYUEQU
DAWENKOUZHEN SHANXIJIECUN

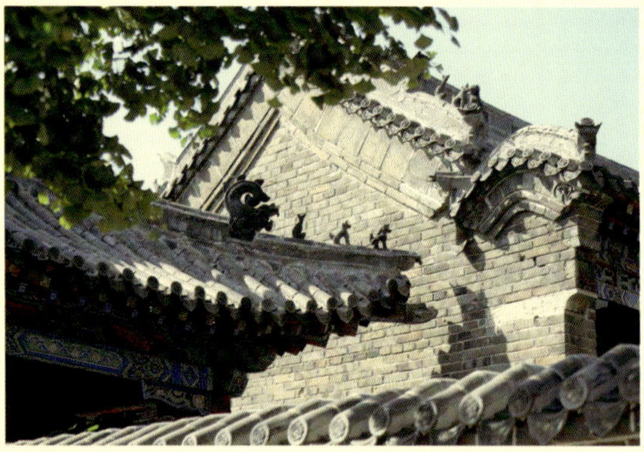
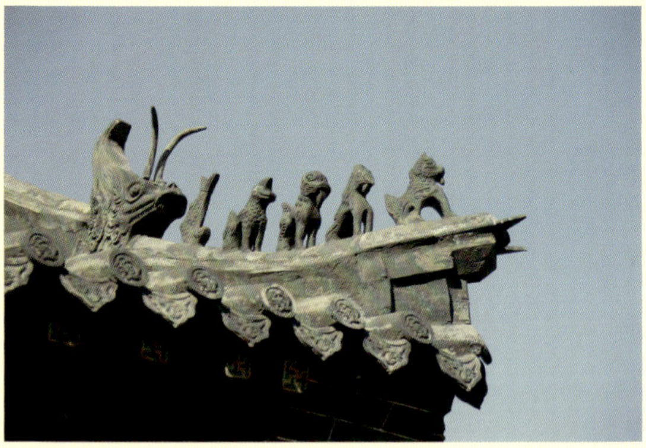
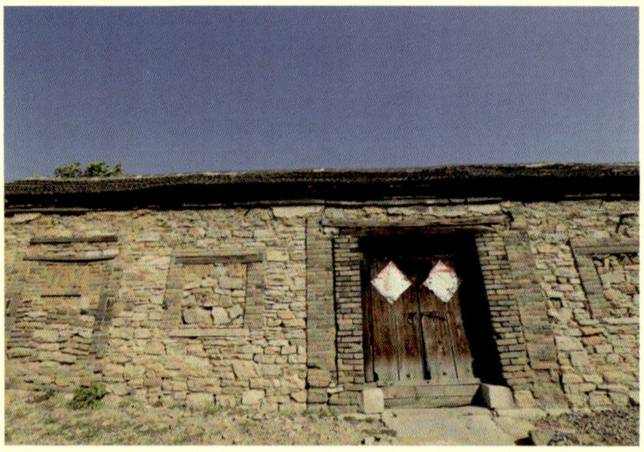
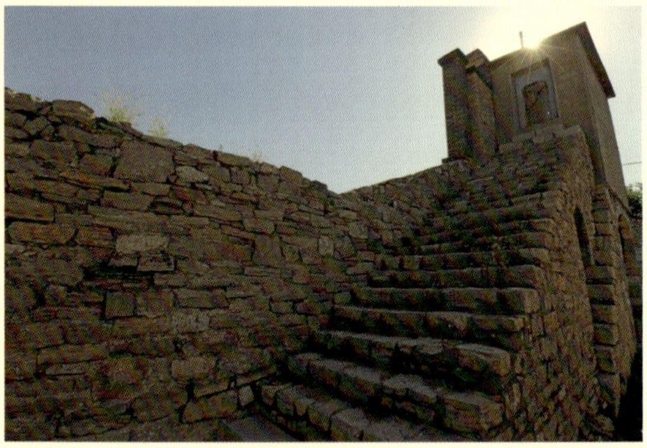
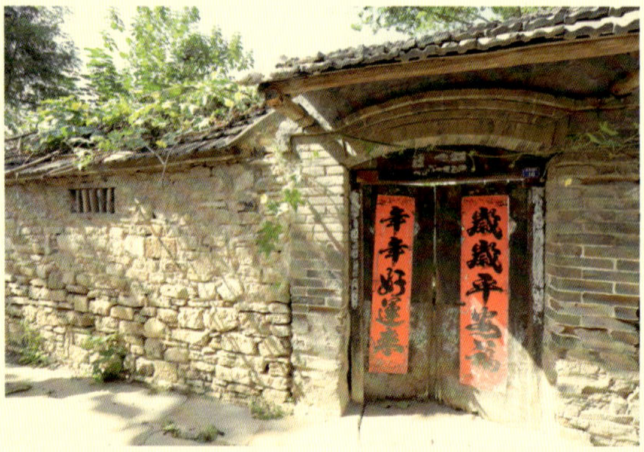
年年好運
歲歲平
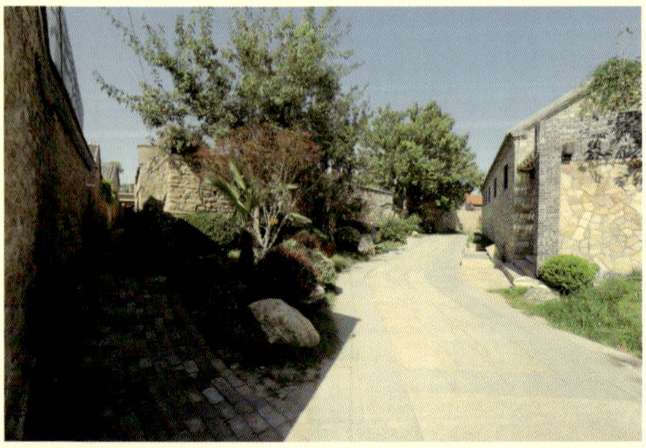
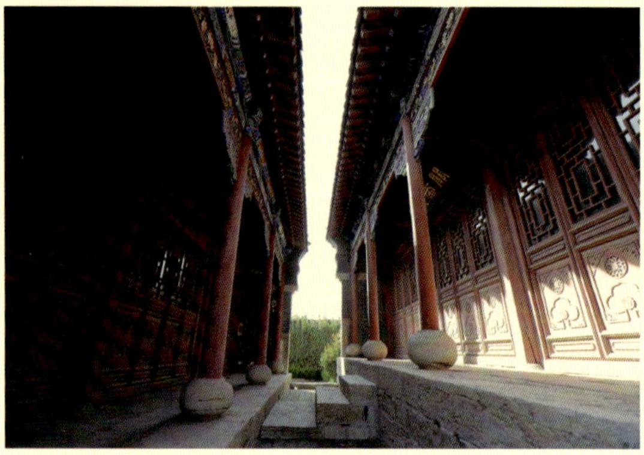
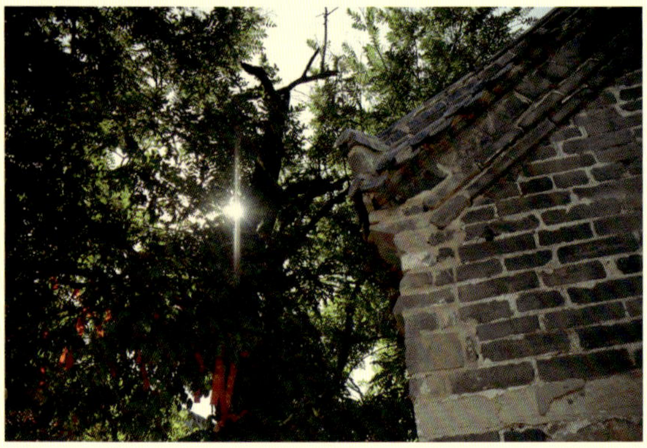
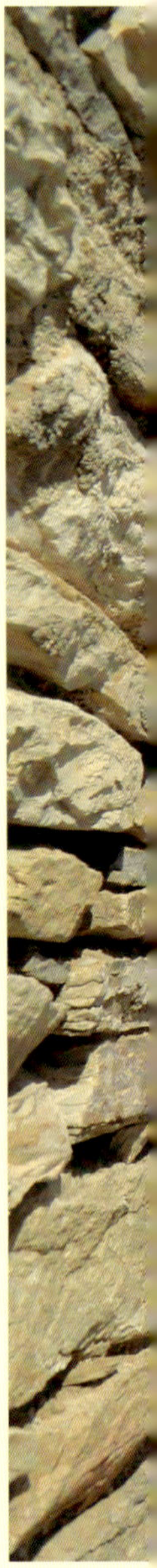

山西街村

TAIANSHI DAIYUEQU
DAWENKOUZHEN SHANXIJIECUN

荣成市宁津街道东楮岛村
Rongchengshi Ningjinjiedao Dongchudaocun

　　东楮岛村，又名楮岛，褚岛，出岛，建于明万历年间。该村在荣成市南部，位于石岛湾省级旅游度假区的北侧，距石岛港20公里，因位于陆地东端，且岛内长有楮树而得名。东楮岛村有完好的海草民居650间，其中百年以上海草房320间，为国家级非物质文化遗产。海草房石墙外观古朴，房顶海草经久耐用。房与房之间是青石铺成的小路。

东楮岛育英小学

东楮岛村

海草房具有"冬暖夏凉、居住舒适、百年不腐"等特点，沉淀着浓厚的历史文化，蕴含着丰富的地域特色，承载着淳朴的民俗风情，体现着卓越的古建筑艺术，是国内外不可多得的宝贵资源。

茶 楮 島 村

RONGCHENGSHI
NINGJINJIEDAO DONGCHUDAOCUN

威海市文登区高村镇万家村
Weihaishi Wendengqu Gaocunzhen Wanjiacun

万家村

Weihaishi Wendengqu Gaocunzhen Wanjiacun

高村镇万家村位于文登区政府驻地天福街道东南15.4公里处，南临石泽线。梁氏庄园位于万家村南，为梁萼涵及其后人所建，结合了清末民初胶东、滇西、晋中的建筑风格及北方四合院和军事堡垒的建筑特点，为省级文物保护单位。

WEIHAISHI WENDENGQU
GAOCUNZHEN WANJIACUN

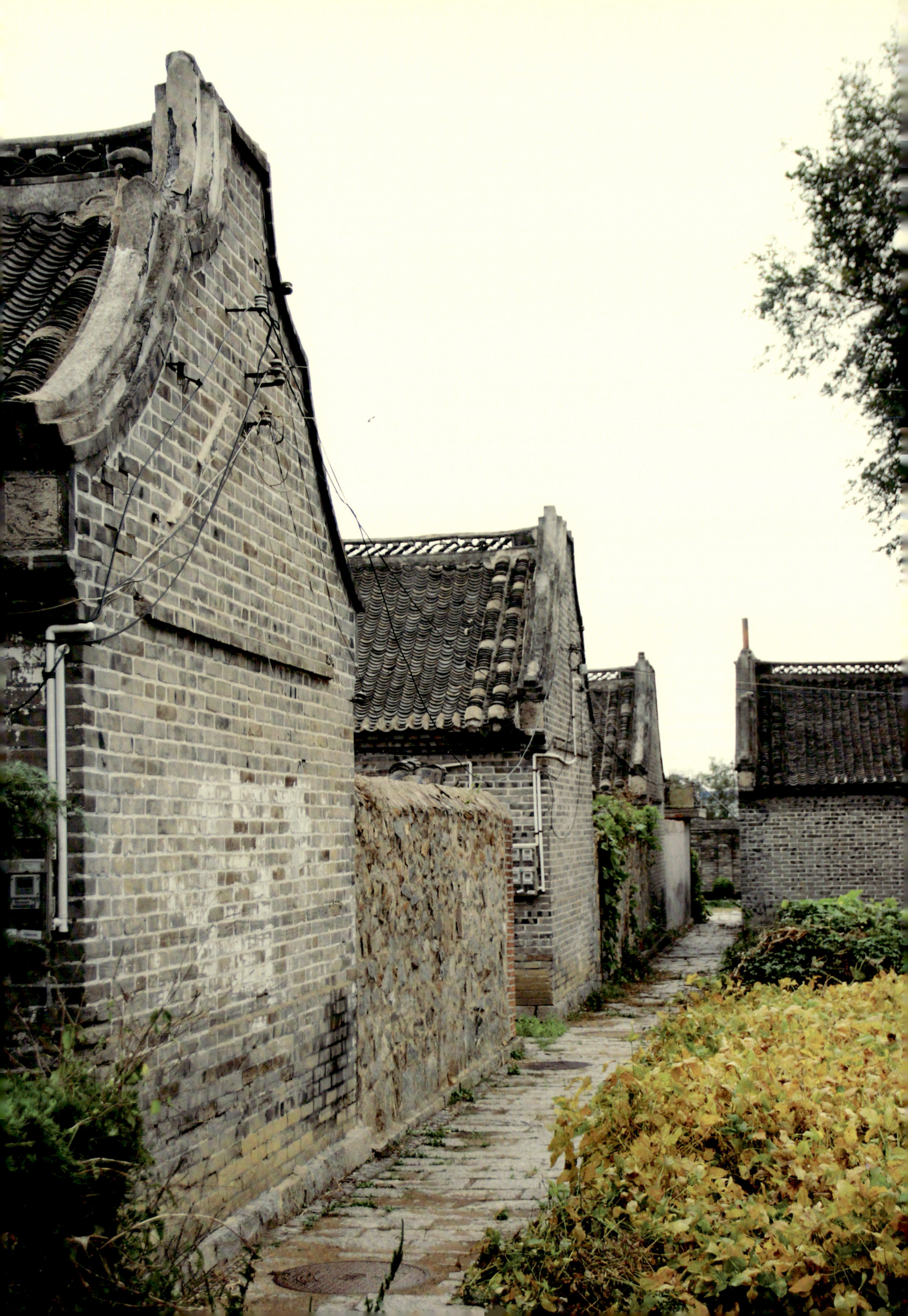

梁氏庄园是清代文登首富梁氏家族数代营建的宅第。庄园创始人梁萼涵是清代道光年间山西、云南巡抚。梁萼涵告老还乡途经万家庄时，随同的风水先生向其进言，梁萼涵遂择此地定居。

万家村

昔日的梁氏庄园现已成为村民的居所，现存建筑基本为砖木结构，做工精良、造型古朴，很多宅子的大门还保留着原始的面貌，庄严厚重的气派中仍然保留有昔日高官巨贾的威严与含蓄。可惜楼阁亭台、雕梁画栋都已不在，人们仅能从重重叠叠、井然有序的几处四合院推测出昔日梁氏庄园的宏大与豪华。现存的梁氏庄园已被村中新修的一条马路分割成两部分，改变了原有的庄园布局，但还能依稀辨别出庄内曾有的3条东、西大街和原有格局。

WEIHAISHI WENDENGQU
GAOCUNZHEN WANJIACUN

198/199

荣成市俚岛镇大庄许家社区
Rongchengshi Lidaozhen Dazhuangxujiashequ

俚岛镇大庄许家社区位于荣成市政府驻地崖头街道东北11.7公里处。明朝崇祯年间，许氏先祖徙此定居成村。因许氏先祖排行老大，故名"大庄"，后更名"大庄许家"。该地是传统民俗文化、石头文化、海草文化的重要传承地和展示地。

大庄许家
Rongchengshi
Lidaozhen
Dazhuang xujiashequ

RONGCHENGSHI
LIDAOZHEN DAZHUANGXUJIASHEQU

垒石为墙，覆草为顶，屋脊上面是质感蓬松的屋顶，浅褐色中带着灰白色调，古朴中透着深沉气质。海草房参差错落地排列着，大庄许家社区是威海市保存海草房最多的区域。

RONGCHENGSHI
LIDAOZHEN DAZHUANGXUJIASHEQU

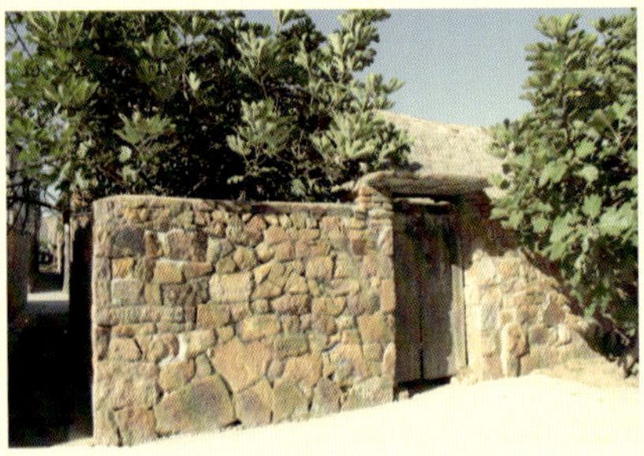

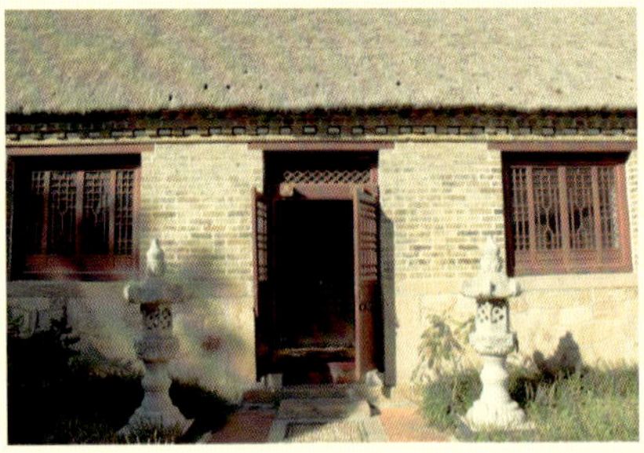

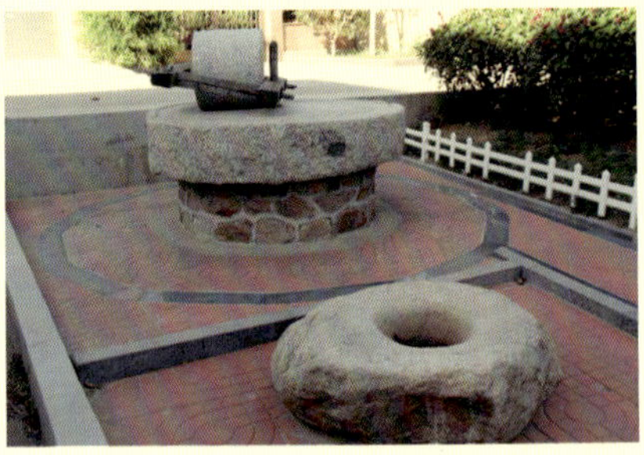

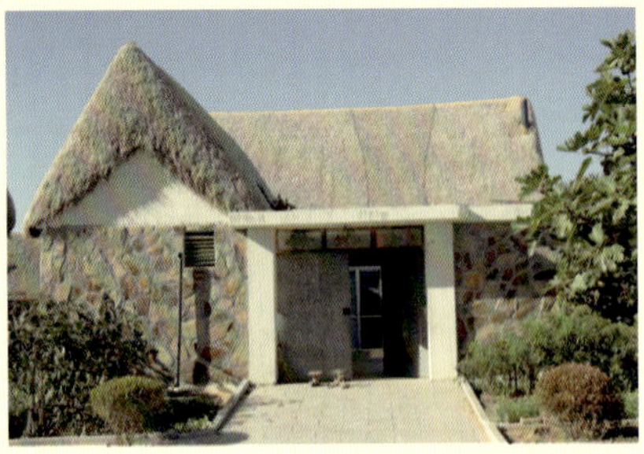

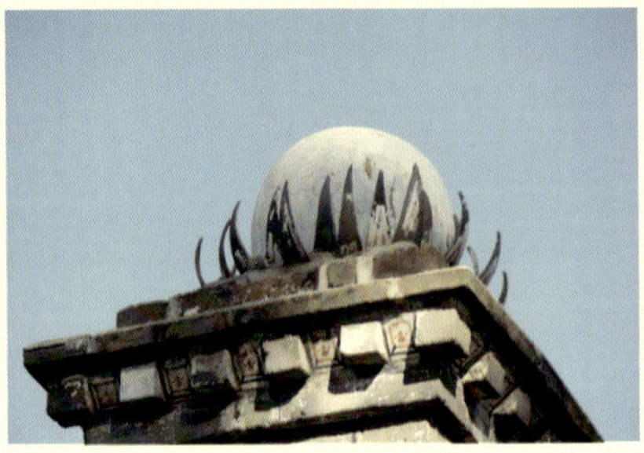

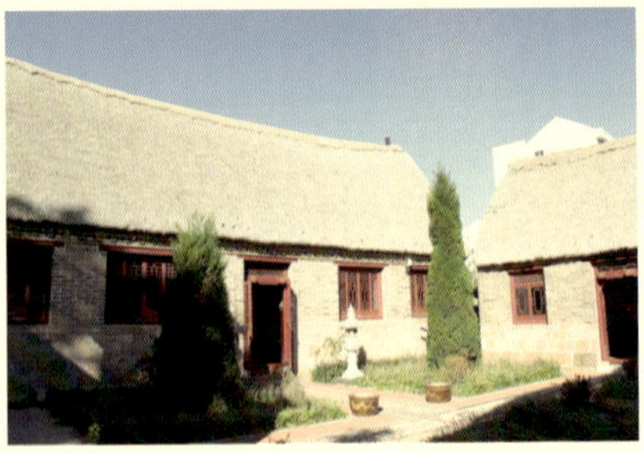

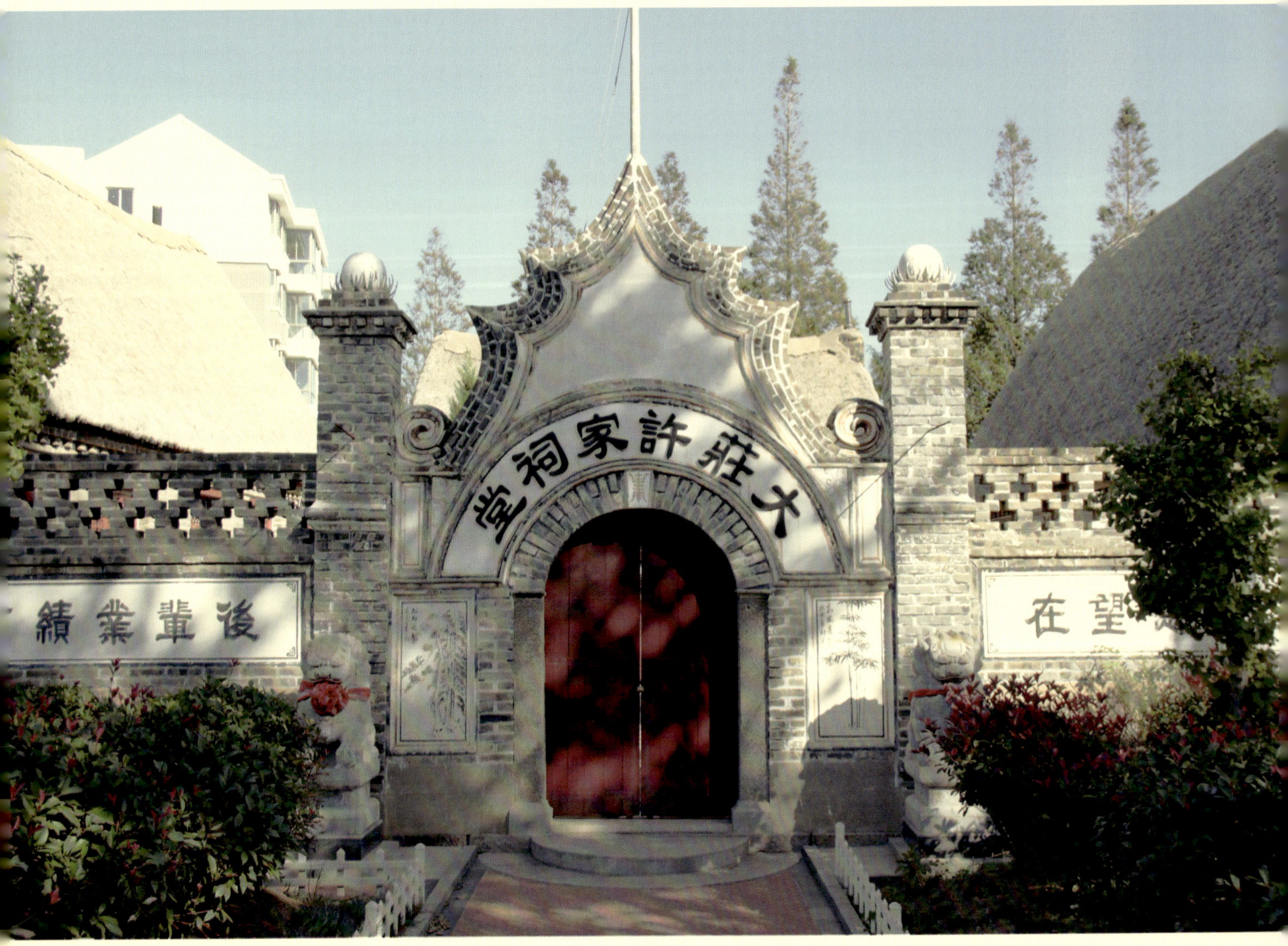
大莊許家祠堂
後輩業績

祠堂，作为儒家传统文化的产物和一种历史建筑，既是族人供奉、祭祀祖先或先贤的场所，也是族长行使族权的地方，更是家族婚、丧、寿的活动场所。它最早出现在汉代，有严格的等级之分，民间不得立祠，到明代嘉靖年间才渐渐得以允许。

坐落于村子中央的大庄许家祠堂有点与众不同，最引人注目的就是那黑砖砌墙、海草苫顶、古朴厚拙、做工精细的海草房外观。海草房本身就是非物质文化遗产，而海草房祠堂就更让人感到其魅力所在。从整个建筑状况可以看出，虽经过几个朝代的风风雨雨，但其至今仍然保存完好。

荣成市俚岛镇东烟墩社区
Rongchengshi Lidaozhen Dongyandunshequ

俚岛镇东烟墩社区位于荣成市政府驻地崖头街道东北24.5公里处。据《荣成市志》和当地村碑记载，东烟墩于明万历年间建村，因村临琵琶寨，故以寨为名，后又因村处烟墩山东麓，遂更名"东烟墩"。烟墩即烽火台，是古代用烽燧报警的土堡哨所。该村标志性的民居建筑是海草房。

RONGCHENGSHI
LIDAOZHEN DONGYANDUNSHEQU

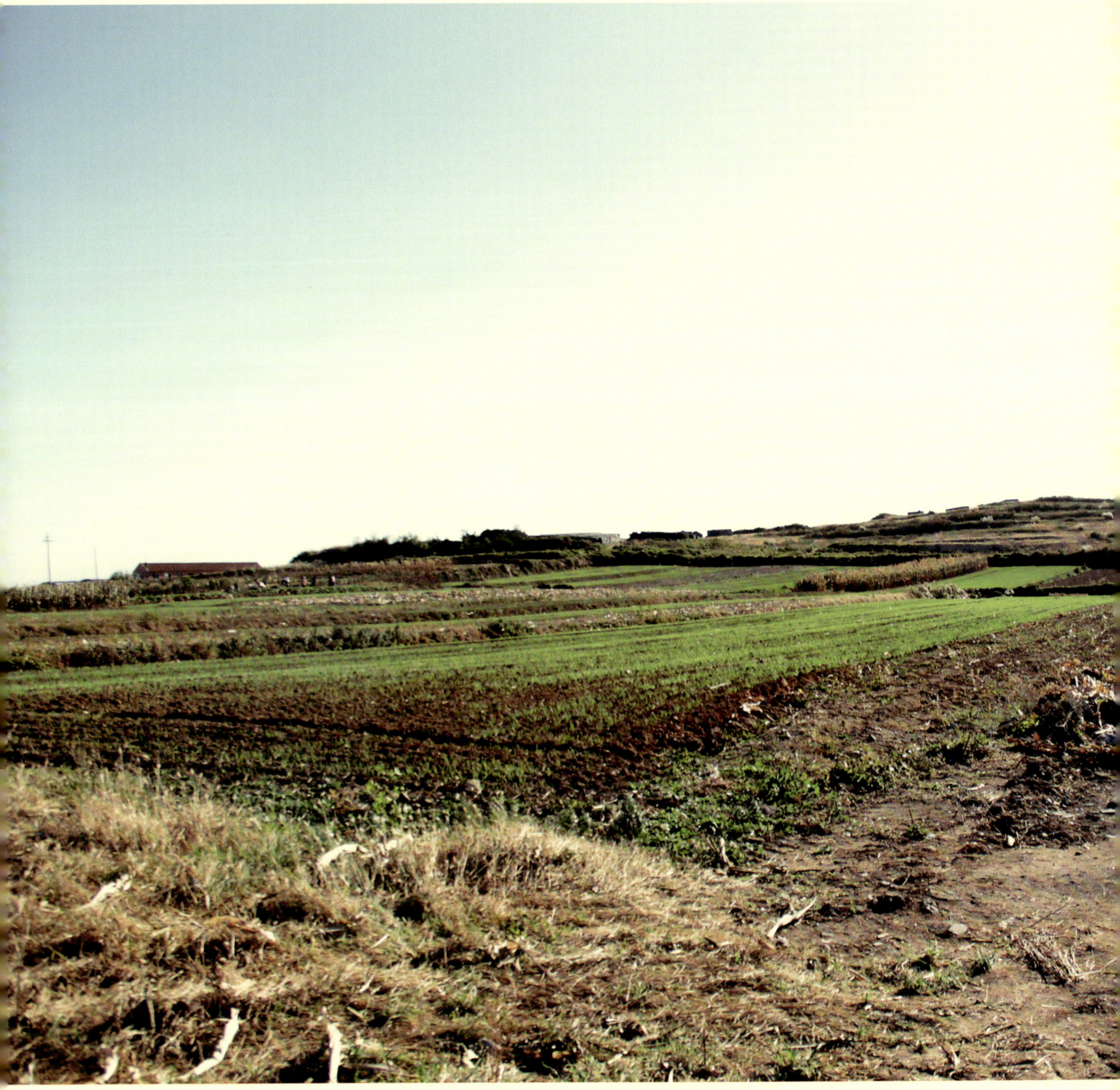

RONGCHENGSHI
LIDAOZHEN DONGYANDUNSHEQU

"那松软的草质感，调和了坚硬的石头，又令房顶略具缓缓的弧线身段。有的人家将废渔网套在草顶上，大概是防风吧，仿佛妇女的发网，却也添几分俏丽。"

——20世纪60年代，著名画家吴冠中来此写生。在看到数量众多的海草房后，他不禁写下以上话语。

东 烟 墩

"琵琶寨""烟墩山",熟悉威海历史的人,通过这两个地名,便可推测出东烟墩曾经起到的重要军事作用。"十里一墩,八里一寨"。在琵琶寨、东烟墩周围,还有草岛寨、项家寨、烟墩角等。

《荣成市志》载,明洪武十五年(1382)信国公汤和筑沿海土城,二十三年(1390)在宁海卫建了5个总寨,共辖小寨48个。由于这些军寨设置的年份较早,当时卫所城池还没筑成,所以防海之兵大都屯于军寨。卫所设立后,所辖京操、屯田诸军也有很多驻守在军寨中。

除了军寨,在东烟墩村的北侧还有一座烟墩山,亦是明时的军事要地。

荣成市俚岛镇烟墩角社区
Rongchengshi Lidaozhen Yandunjiaoshequ

俚岛镇烟墩角社区位于荣城市政府驻地崖头街道东北33.2公里处,是个依山傍海、景色秀丽的小渔村。明崇祯年间,曲氏先祖从荣成市港西镇巍巍村迁此定居。因明初为抗击倭寇在村东崮山顶设烟墩,村居烟墩西北角,故名烟墩角。

村子很小,有500来户人家,村东一座小山遮挡住黄海,形成了一个小小的港湾。每年都会有天鹅来到这里过冬,由于人们自觉爱鸟护鸟,天鹅也与村民建立了浓厚的感情,烟墩角社区成了人鸟共处的和谐家园。

烟墩角
Rongchengshi Lidaozhen Yandunjiaoshequ

RONGCHENGSHI
LIDAOZHEN YANDUNJIAOSHEQU

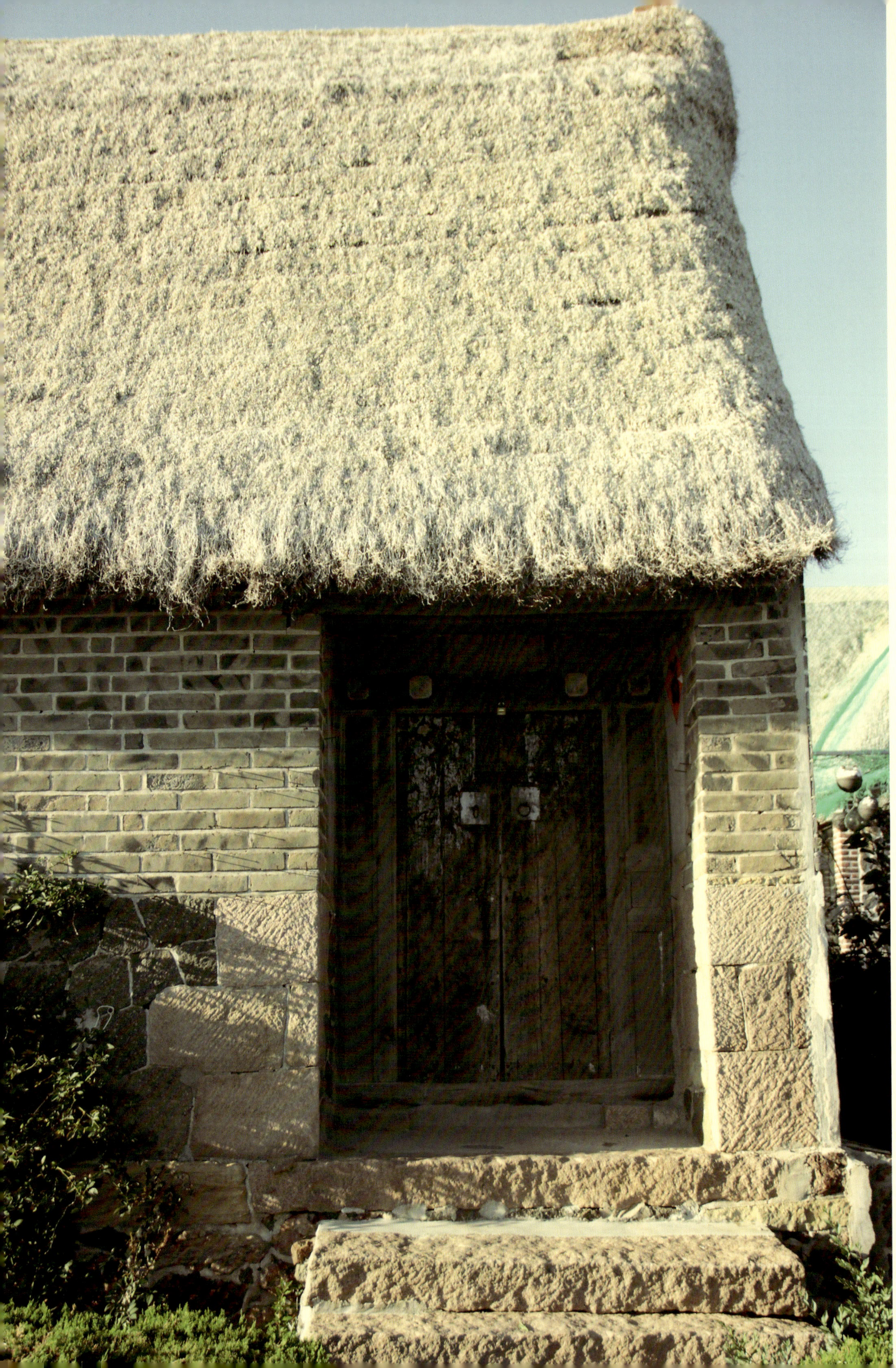

烟 墩 角

RONGCHENGSHI
LIDAOZHEN YANDUNJIAOSHEQU

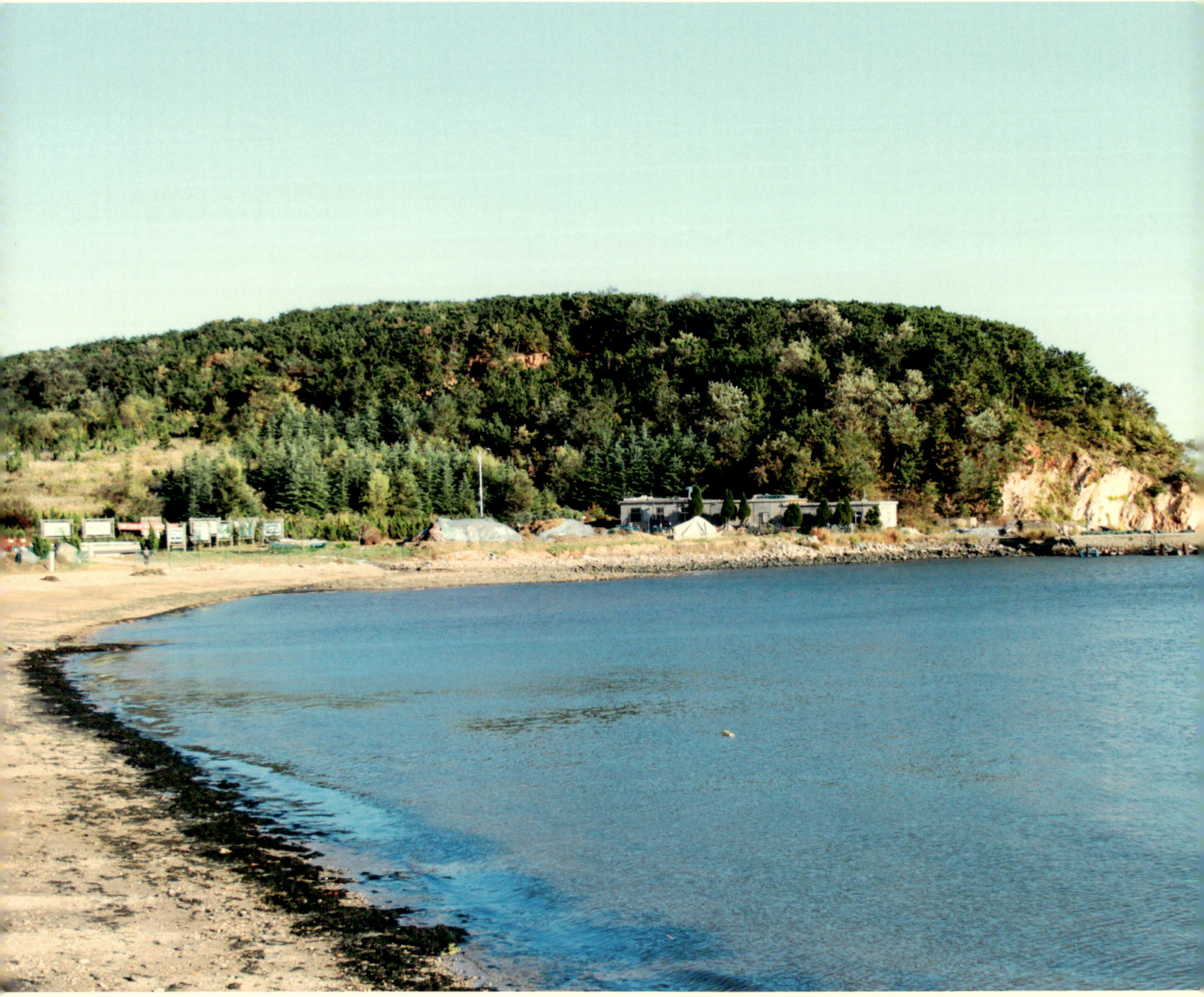

RONGCHENGSHI
LIDAOZHEN YANDUNJIAOSHEQU

沂南县马牧池乡常山庄村
Yinanxian Mamuchixiang Changshanzhuangcun

常山庄

Yinanxian
Mamuchixiang
Changshanzhuangcun

马牧池乡常山庄村位于沂南县政府驻地界湖街道西北15.8公里处，地处鲁东南沂蒙山区腹地。明洪武年间，李氏从沂南县小张庄迁至此处建村，村名"常胜庄"，因依常山立居，后演变为"常山庄"。村内有东、西石板大街，街北侧有清末和民国时期建筑的民房、高家大院，南侧建有清末时期民房、古戏台、哨楼、城墙、土地庙等建筑物。村庄傍山而立，房屋错落有致，庭院依山就势，小巷曲折幽深，古风古韵尚存。

YINANXIAN MAMUCHIXIANG
CHANGSHANZHUANGCUN

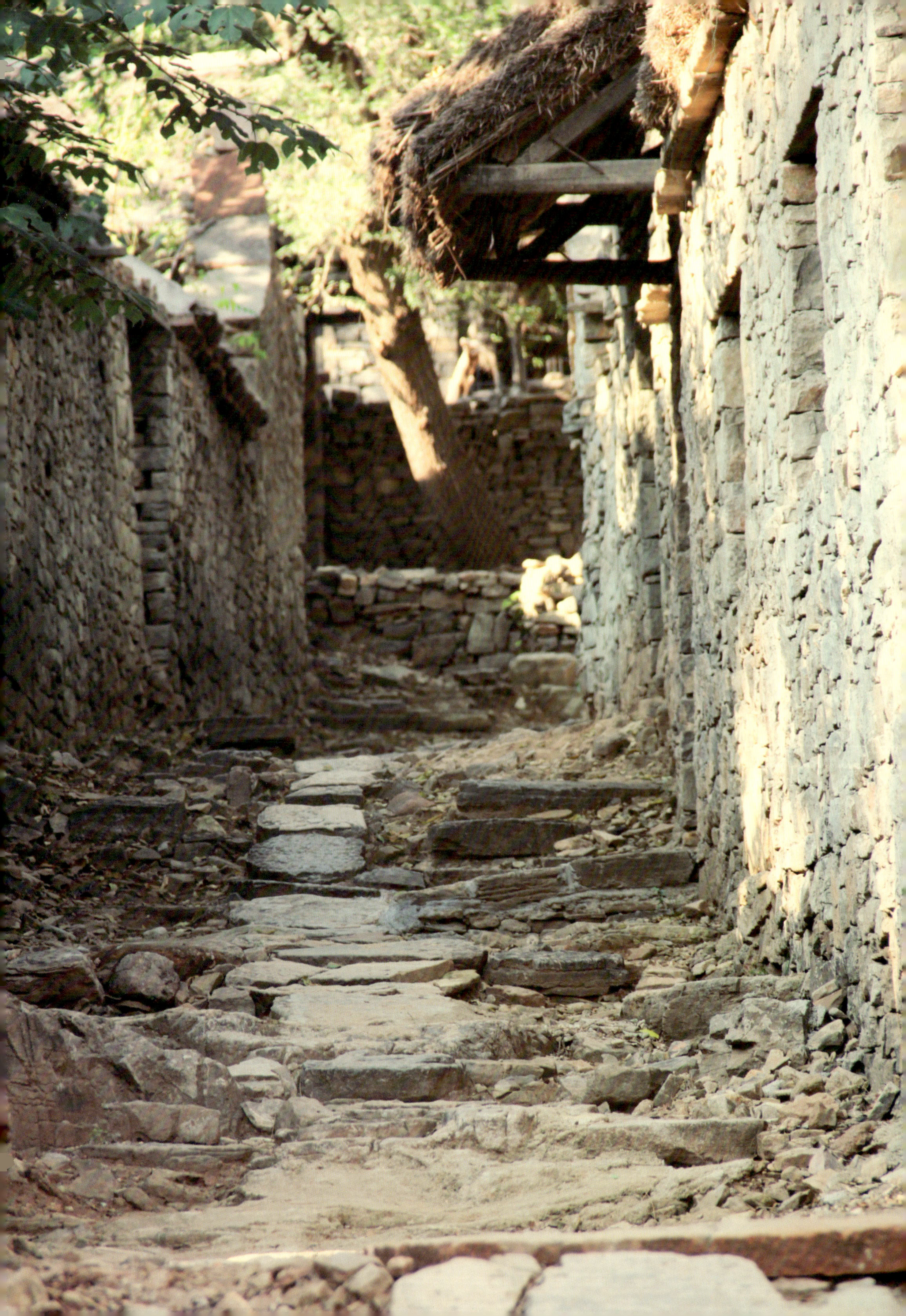

常山庄

YINANXIAN MAMUCHIXIANG
CHANGSHANZHUANGCUN

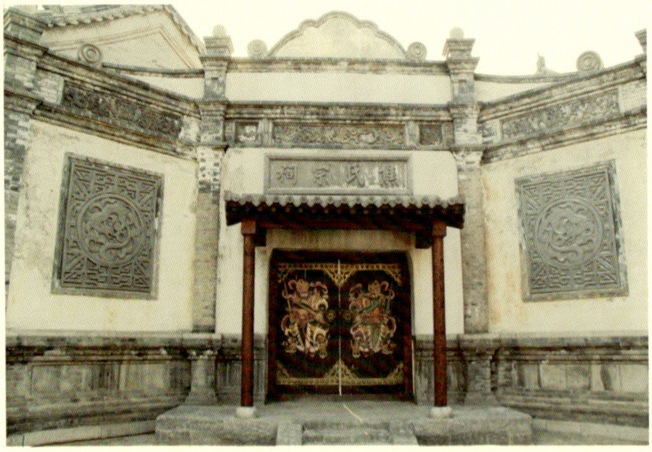

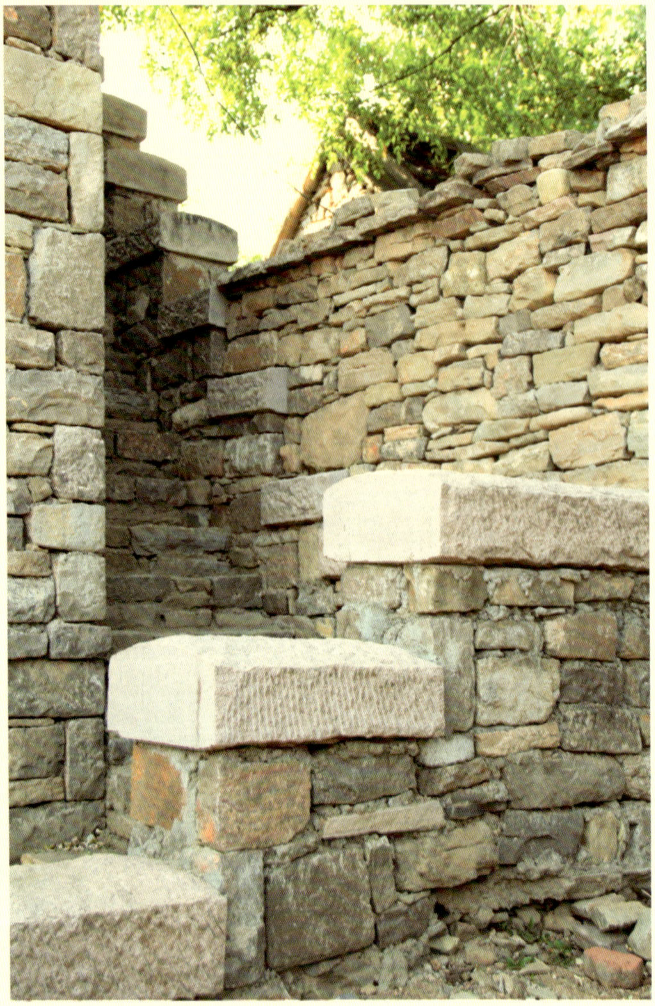

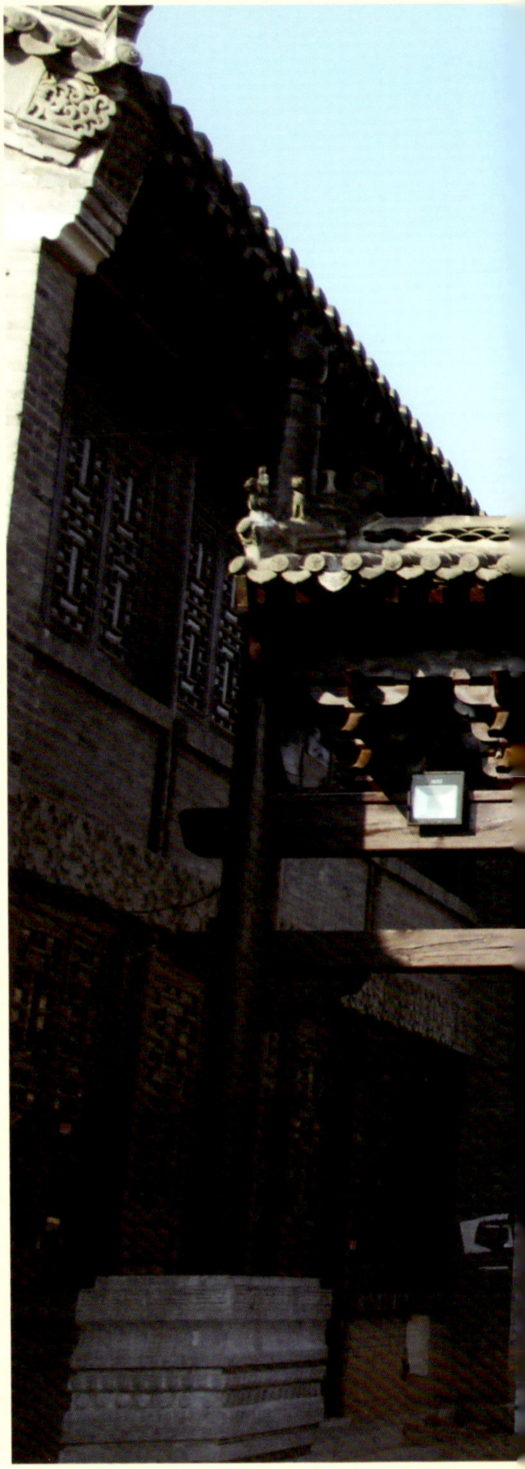

YINANXIAN MAMUCHIXIANG
CHANGSHANZHUANGCUN

沂水县马站镇关顶村
Yishuixian Mazhanzhen Guandingcun

关顶村

Yishuixian Mazhanzhen Guandingcun

  马站镇关顶村位于沂水县政府驻地沂城街道以北41公里处，因其地处穆陵关之巅而得名，建于明初。该村所处的穆陵关于西周时设立。齐长城从村中穿过，现存城墙遗迹有3米多高，村后有常将军庙遗址，村东有碑亭，亭内有明、清古碑各一幢。村内传统民居为明清北方古建筑风格，灰瓦、青砖、重檐、斗拱，后多次修缮。

  村内的齐长城遗址和穆陵关遗址是国家级文物保护单位，流传着"孟姜女哭长城""赵匡胤战韩通""刘裕北伐"等众多传说，王维、李白、刘长卿、安致远等文人雅士留有与穆陵有关的诗篇100余首。村内古街两侧有大量砖雕，充分体现了齐长城和穆陵关深厚的历史文化底蕴。

YISHUIXIAN
MAZHANZHEN GUANDINGCUN

关顶村

YISHUIXIAN
MAZHANZHEN GUANDINGCUN

关顶村

YISHUIXIAN
MAZHANZHEN GUANDINGCUN

平邑县柏林镇李家石屋村
Pingyixian Bailinzhen Lijiashiwucun

　　柏林镇李家石屋村位于平邑县政府驻地平邑街道东北20公里处，地处蒙山龟蒙顶脚下，最早形成于宋金时期。由于是山区，平地极少，村落依山傍溪而建，民居大分散、小集中，一条石板路为村落对外联系的主干路。由于交通不便，当地居民建房大多就地取材，冬暖夏凉的石屋便成了沂蒙山区特有的一道风景线。村落风貌保存良好，空气清新，环境优美，居住环境极佳。

李家石屋

Pingyixian
Bailinzhen
Lijiashiwucun

PINGYIXIAN
BAILINZHEN LIJIASHIWUCUN

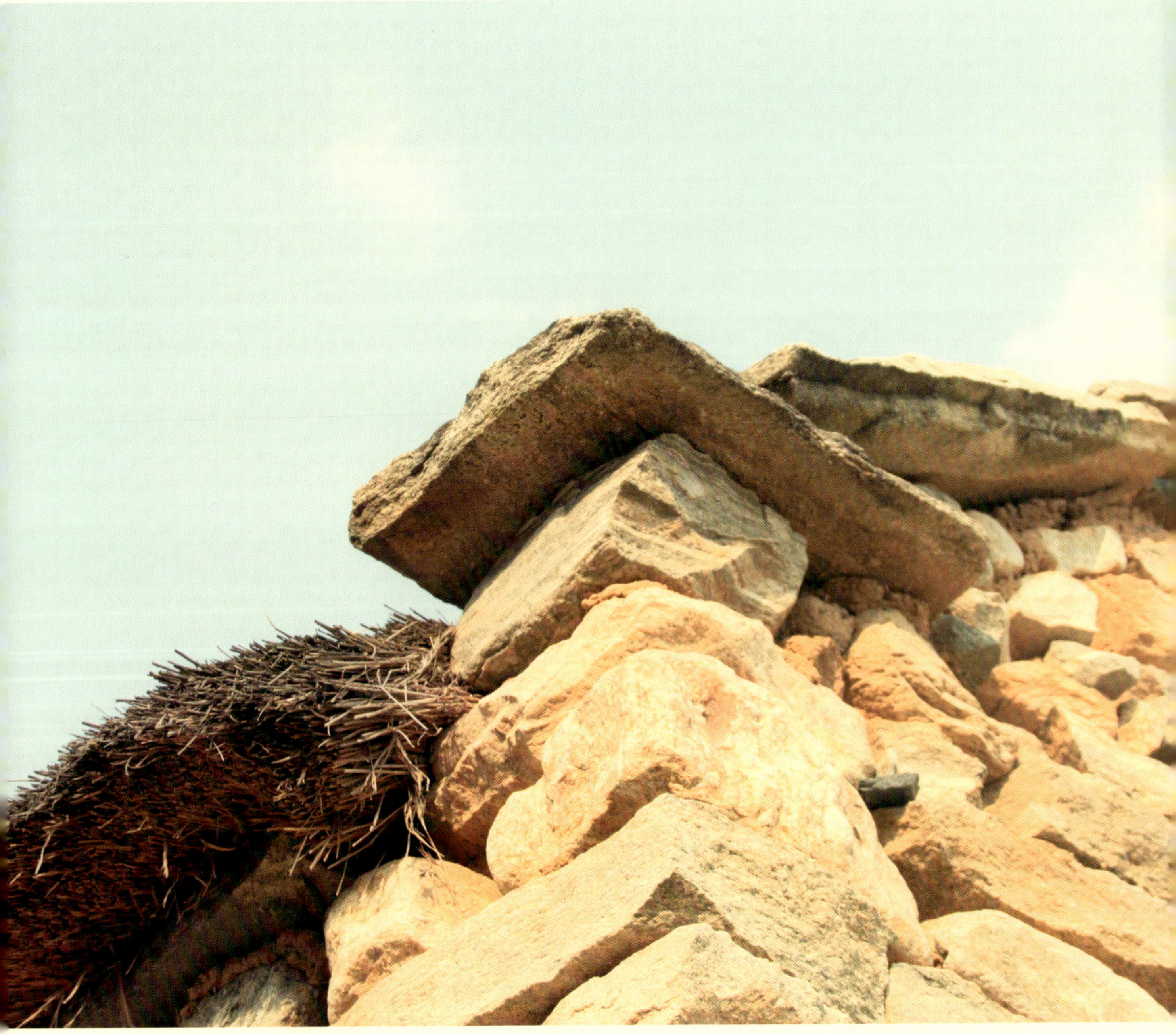

PINGYIXIAN
BAILINZHEN LIJIASHIWUCUN

李家石屋

PINGYIXIAN
BAILINZHEN LIJIASHIWUCUN

平邑县地方镇九间棚村
Pingyixian Difangzhen Jiujianpengcun

地方镇九间棚村位于平邑县政府驻地平邑街道东南25.5公里处，东连两泉庄，西接和乐村，北临大圣堂，南靠赵家庄。

清乾隆六年（1741），刘氏族人由费县南阳社滴水崖村（今属平邑县流峪镇）迁至天宝山区的龙顶山巅东南侧的石棚定居。后因人口增加，人们逐步将石棚分隔为9间，"九间棚"由此而得名，后成为省级文物保护单位。

PINGYIXIAN
DIFANGZHEN JIUJIANPENGCUN

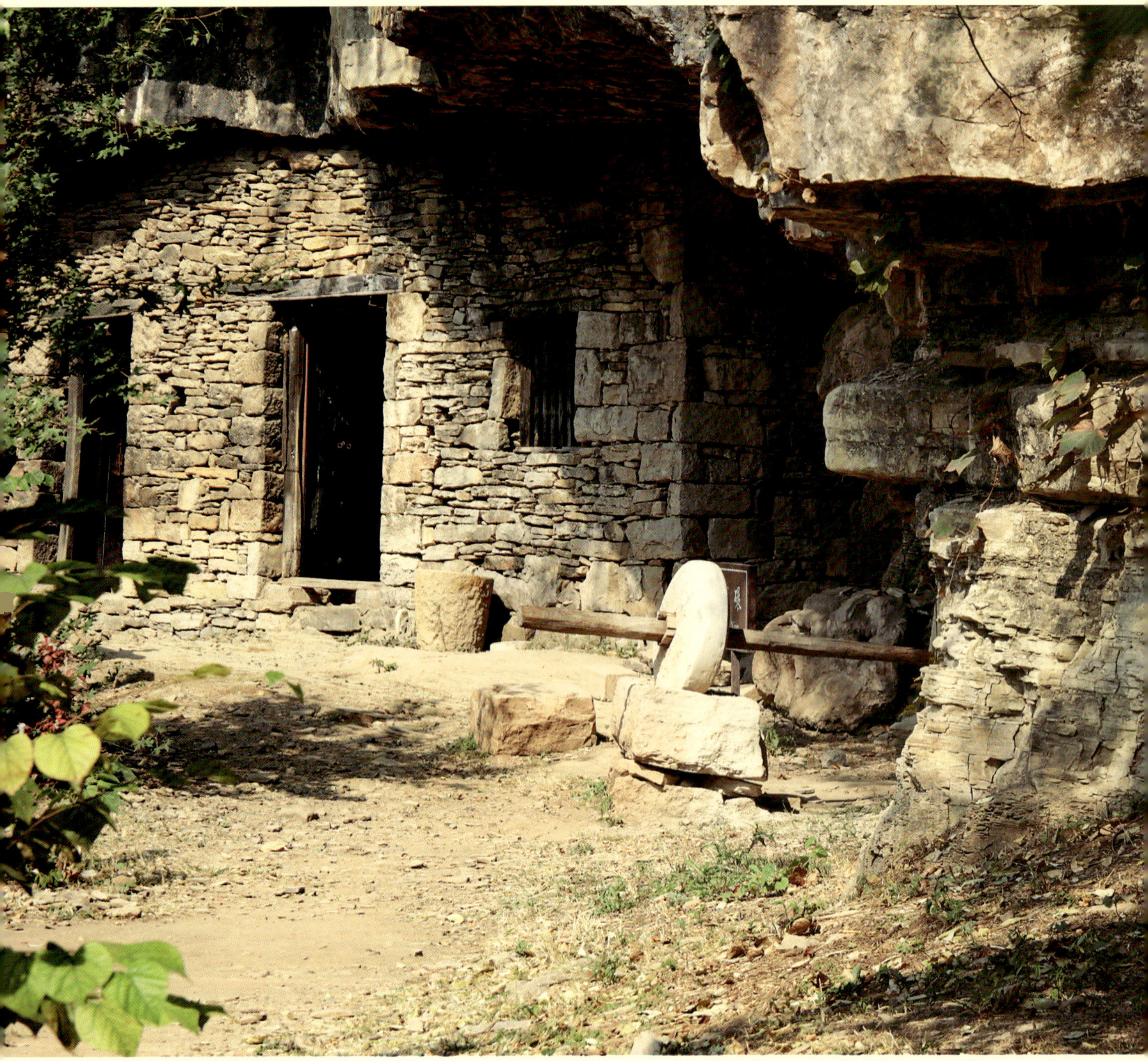

PINGYIXIAN
DIFANGZHEN JIUJIANPENGCUN

省级文物保护单位

九 间 棚

山东省人民政府2013年10月10日　公布
临沂市人民政府2015年 3月26日　　立

PINGYIXIAN
DIFANGZHEN JIUJIANPENGCUN